BIBLIOTHÈQUE DES CURIOSITÉS

I0040819

PEINES

TORTURES

ET SUPPLICES

Les Prisons : Mazas. — La Roquette.
Newgate. — Les Bagnes.
Comment vivent les forçats. — Les Tortures.
La Question.
La Mort. — Effroyables détails.
La Guillotine.
Son passé. — Son présent. — Son avenir.

PARIS
T. LEBIGRE - DUQUESNE, LIBRAIRE - ÉDITEUR
16, rue Hautefeuille, 16

1858

TORTURES

BIBLIOTHÈQUE DES CURIOSITÉS

PEINES

TORTURES

ET SUPPLICES

PARIS

P. LEBIGRE-DUQUESNE, ÉDITEUR

16, RUE HAUTEFEUILLE, 16

1868

PRÉFACE

Il est bien entendu que, dans cette collection, il n'est en aucune façon question de systèmes ni de théories. Dans chaque branche physiologique, sociale ou naturelle, ont été relevés avec soin les faits curieux qui se recommandent à l'attention par leur étrangeté. Le présent volume traite des peines corporelles : nous avons dû commencer par les *prisons*, et nous n'avons pas jugé nécessaire de remonter dans l'antiquité, attendu que cachots, caveaux ou cellules ne présentent pas de différences assez notables pour donner lieu à une description spéciale. Nous ne nous sommes donc attachés qu'à donner les détails les plus minutieux sur la prison qui réalise le plus complètement le type des établissements pénitentiaires actuels. Nous voulons parler de Mazas.

Passant ensuite à une pénalité d'un degré supérieur, nous avons décrit les Bagnes.

Il nous était impossible de passer sous silence les effroyables tortures usitées dans les temps anciens, au moyen âge et même aujourd'hui encore, dans quelques pays civilisés.

Enfin, nous nous sommes attachés à une étude aussi complète que possible des différents supplices, tant anciens que modernes, qui ont ou avaient la mort pour résultat.

Ce petit volume est donc divisé en quatre parties :!

Première partie : Les Prisons.
Deuxième partie : Les Bagnes.
Troisième partie : La Torture.
Quatrième partie : La Peine de Mort.

Pour les détails de l'index, voir la table à la fin du volume.

PREMIÈRE PARTIE

LES PRISONS

I

PARIS

Les prisons de la Seine sont au nombre de huit ; plus quatre dépôts de sûreté. Elles renfermaient l'année dernière, au jour où a été fait le relevé des écrous, 4529 détenus, dont 3219 hommes et 1 301 femmes.

Cette population se divisait ainsi :

Mazas, 1050 hommes ; la Roquette (dépôt des condamnés), 384 hommes ; la Conciergerie (maison de justice), 82 hommes ; Saint-Lazare (maison d'arrêt et de correction), 2 hommes et 992 femmes ; Madelonnettes (idem), 440 hommes ; Sainte-Pélagie (idem), 526 hommes ; Saint-Denis (maison de répression), 618 hommes et 298 femmes ; Clichy (prison pour dettes), 117 hommes et 11 femmes.

Voici comment le travail est divisé dans ces maisons :

A la Roquette, il y a surtout des cordonniers, des corroyeurs, des natteurs, des papetiers, de la sparterie et des tailleurs.

A la Conciergerie, il n'existe pas d'ateliers ; tout le travail se réduit au service intérieur.

A Saint-Lazare, les spécialités de travail sont la couture, le raccommodage, le service intérieur.

A Sainte-Pélagie, nous trouvons de grands ateliers : agrafes, boutons, chaînes, chapelets, chaussonnerie, cordonnerie, cuirs, éventails, menuiserie, joncs, plaques en cuir, sparterie, semelles, tailleurs et service intérieur.

A Mazas, les industries sont moins nombreuses : les agrafes, les chaînes, les chaussons, le cuir, les copistes, les épinglettes, les tailleurs, la papeterie.

Aux Madélonnettes, mêmes ateliers, et, en plus, plumassiers, vieux linge.

A Saint-Denis, mêmes industries.

La moyenne de la journée de travail est de 47 centimes.

Le travail a produit net : 420 946 fr. 82 c., qui

ont été répartis : 157 315 f. aux hommes, 57 567 f. aux femmes et 205 973 f. à l'entrepreneur.

Aux dépôts de sûreté, le travail est nul.

Nous donnons plus loin une très-minutieuse description de Mazas, la prison la plus curieuse de Paris. Nous allons seulement passer en revue quelques établissements pénitentiaires de la capitale, en indiquant leurs caractères principaux.

LA CONCIERGERIE.

Est ainsi nommée parce qu'au temps où les rois de France habitaient le palais de la Cité, c'était dans ce bâtiment que demeurait le concierge de la résidence royale.

C'est là que furent enfermés Ravaillac, l'assassin de Henri IV, et Damiens, qui avait frappé Louis XV.

La tour de Montgomery doit son nom au séjour forcé qu'y fit le comte de Montgomery, après avoir frappé Henri II de sa lance dans un tournoi.

Ont été enfermés à la Conciergerie Marie-Antoinette, madame Élisabeth, les Girondins, madame Roland, le duc d'Orléans, Danton, Camille Desmoulins, les Hébertistes, Robespierre, Saint-Just; sous l'Empire, Georges Cadoudal; sous la

Restauration, le comte de La Vallette, les quatre
sergents de La Rochelle, Béranger; sous Louis-
Philippe, Godefroy Cavaignac, Marrast, Lamennais, et enfin, à une époque récente, MM. Nefftzer,
actuellement rédacteur en chef du *Temps*, Ch. et
F. Hugo, Vacquerie, Paul Meurice, Pianori et
Orsini.

SAINT-LAZARE.

Cette prison fut d'abord un monastère, et saint
Vincent de Paule l'habita avec la congrégation
des Prêtres de la mission. Il y mourut en 1660.

C'est là que sont enfermées les femmes coupables et notammant toutes celles qui se livrant à
la prostitution ont contrevenu aux règlements de
police.

Saint-Lazare contient une *pistole*, où habitent
les détenues qui peuvent payer les frais de leur séjour. Ces cellules ne sont fermées que pendant la
nuit.

Les femmes qui sont condamnées pendant
qu'elles nourrissent conservent leur enfant dans
la prison.

La garde des détenues est confiée à cinquante
sœurs.

Les femmes travaillent dans un atelier et sont particulièrement occupées à des ouvrages de couture. La journée rapporte en moyenne deux francs.

Le nombre des détenues est de 900 à 1000.

Enfin, c'est à Saint-Lazare que se trouve la manutention du pain pour toutes les prisons de Paris.

SAINTE-PÉLAGIE.

Les renseignements les plus complets et les plus intéressants ont été donnés par M. Alfred Sirven dans un volume publié : *Les Prisons politiques* (1).

Sainte-Pélagie est particulièrement affecté aux détenus pour dettes (la contrainte par corps subsistant pour les dettes envers l'État) et les condamnés politiques. Un pavillon particulier, dit des *Princes*, est réservé aux condamnés pour délits de presse.

Bien des illustrations on passé à Sainte-Pélagie; contentons-nous de citer Béranger, P.-L. Courier, Armand Carrel, Lamennais, Proudhon, M. de Girardin, Laurent Pichat, Vermorel, Eug. Pelletan.

(1) Chez Lebigre-Duquesne. 1 vol., 3 fr.

Cette prison se trouve rue de la Clé, non loin de l'hôpital de la Pitié.

Sans nous arrêter à

LA ROQUETTE.

qui n'a d'intérêt que par la cellule des condamnés à mort, décrite dans notre chapitre cosacré aux exécutions, arrivons enfin à la prison la plus importante de Paris.

MAZAS.

Nous empruntons nos détails à un trèo-curieux travail d'un journaliste, M. Jules Lermina, qui, sous ce titre, *Soixante-douze heures à Mazas*, publia dans le *Corsaire*, journal qui n'eut que trois mois d'une existence très-agitée, une relation minutieuse de ce qu'il avait vu et remarqué pendant son séjour dans cette prison.

Nous avertissons seulement le lecteur qu'il remarquera beaucoup d'optimisme dans cette description : le prisonnier était sans doute d'une dose remarquable de philosophie; mais nous avons été en général habitués à une telle exagération en sens contraire dans les descriptions publiées par les détenus, que nous ne regrettons pas de devoir à la liberté d'esprit du prisonnier des détails que d'autres plus émus eussent passés sous silence.

C'est le détenu qui parle :

La voiture cellulaire.

Il faisait presque nuit : quelques minutes après, et sans que je puisse trop me rappeler comment, j'étais dans la voiture. Elle m'a paru contenir dix cellules. Celle où je me trouvais avait exactement la forme d'une boîte longue, dressée dans le sens de sa hauteur. J'étais assis sur un petit banc, soutenu par une tige de fer mobile, à la façon des strapontins de nos victorias à deux places. La largeur de la boîte ne dépassait pas de plus de trois ou quatre centimètres celle de mes épaules. J'étais *emboîté*, le mot est parfaitement exact. Je n'avais pas le loisir d'étendre mes jambes, mais du moins mes genoux ne touchaient pas à la paroi qui me faisait face et qui formait une partie de la cloison extérieure de la voiture. Victor Noir était dans la boîte adossée à la mienne, et nous pûmes échanger quelques mots.

En face de moi, se trouvait une ouverture fermée d'abord à l'intérieur par des feuillets de persiennes, fixés et serrés, puis à l'extérieur par une sorte de cloison qui empêchait absolument de voir au dehors. Cependant, tout à fait à sa partie supérieure, et en se dressant à demi sur ses pieds, on apercevait le ciel et souvent le haut des maisons.

L'arrivée.

Je me trouvai dans un premier greffe, où l'on prit mon état civil, complet, qui fut inscrit sur un livre, et mon signalement; je dus retourner mes manches afin qu'on pût vérifier si j'avais quelque tatouage. Puis on m'ouvrit une autre porte, et je me trouvai dans un couloir garni latéralement de cellules de bains. Quelques instants après, on me fit entrer dans une de ces cellules. Le surveillant me demanda où j'avais passé la nuit à la Préfecture de police, si c'était dans la salle commune du dépôt, ou à la pistole. Je lui répondis que j'avais couché à la pistole. Il m'expliqua alors, que le dépôt, étant trop souvent un réceptacle de vermine, cette question avait pour but de s'assurer s'il était nécessaire que mes vêtements fussent passés au soufre; auquel cas j'aurais dû revêtir le costume de la prison. Tel n'était pas mon cas. Le surveillant se retira et fut remplacé par le préposé à la fouille. Je vidai mes poches. Cet employé vérifia, mais avec égard et discrétion, si je ne dissimulais rien (il ne fut nullement question, bien entendu, de certaines investigations réservées aux criminels et aux forçats); puis il me laissa mes papiers, mon argent, et me souhaita bonne chance.

C'était une dernière étape. On me remit un petit carré de tôle sur lequel je lus : 1re division, n° 109; on me fit passer dans un grande salle à l'entrée de laquelle on me remit une paire de draps. Puis on cria : Recevez le 109. Une autre voix répondit : Envoyez le 109, et je montai un petit escalier de pierre qui me fit parvenir au premier étage de la salle.

Cette salle, qui a la forme d'un carré très-long, se compose d'un rez-de-chaussée, garni de portes de cellules, puis, au premier, une galerie à balustrade faisant tout le tour de la salle, coupée en diverses places par des ponts qui font communiquer les deux côtés. Je suivis la galerie de gauche, un surveillant me demanda ma petite plaque de tôle, une porte me fut ouverte et... j'entrai dans ma cellule.

La cellule.

En voici la description aussi exacte que si son image sortait d'un objectif :

La cellule est un carré long, aux dimensions suivantes :

Hauteur : 2 mètres 60.

Largeur : 1 mètre 85.

Longueur : 3 mètres 85.

Elle est peinte en deux couleurs : d'abord jusqu'à une hauteur de 1 mètre 50 en jaune chamois, puis dans la partie supérieure en blanc.

Nous avons quatre murs formant les quatre côtés du parallélogramme : le mur *A*. où se trouve la porte; le mur *B*, qui lui fait face, constituant la largeur. Puis le mur *C* à gauche en regardant la porte de l'intérieur, le mur *D* à droite, dans les mêmes conditions.

Mur A. — La porte, large de 57 centimètres, est en chêne plein, boulonné. Elle est haute de 1 mètre 90, et percée, aux deux tiers de sa hauteur, d'un guichet large de 25 centimètres sur 12. Devant le guichet, une petite tablettte demi-cercle avec rebord.

Le numéro de la cellule est peint en noir à l'intérieur de la porte.

A gauche de cette porte, une tablette sur laquelle on pose le matelas ; au-dessus, uue longue planche, tenant toute la largeur de la cellule, servant à placer les couvertures et les draps.

A droite de la porte, d'abord, dans le mur, une plaque de fer, munie d'une petite poulie intérieure, donnant passage à une forte corde avec poignée de bois. C'est le timbre d'alarme destiné à avertir le surveillant en cas d'accident survenant au détenu.

Toujours à droite de la porte, dans l'angle, une planchette de coin sur laquelle on place la terrine de toilette. Au-dessous, s'élevant au-dessus du sol, le siége du conduit d'aisance.

Mur B, faisant face à la porte. Ce mur est percé d'une ouverture trop haute pour qu'un homme y puisse atteindre ; cette ouverture, garnie d'un vasistas en retrait, à quatre carreaux de verre cannelé, est garantie à l'extérieur par sept barreaux de fer. Impossible de voir le moindre coin de ciel. Du reste, la cellule est très-convenablement éclairée.

Le vasistas s'entr'ouvre de l'intérieur, au gré du détenu, au moyen d'une tige en fer, faisant agir un pène d'emboîtement.

Occupons-nous maintenant du mur de gauche.

Toutes les indications — droite — gauche — sont prises de l'intérieur en regardant la porte.

Le mur de gauche est celui qui doit nous préoccuper le plus, car c'est celui que regarde presque continuellement le prévenu ; dans ce mur est scellée une table de chêne, à quatre pieds avec tiroir. Cette table n'a pas de grandes dimensions, 85 centimètres sur 50. Elle est munie d'une barre transversale sur laquelle se posent les pieds. Dans le côté droit, est fiché un piton, dans lequel s'engage une chaîne de trente-sept maillons, longue de 90 centimètres, qui tient à une chaise. Cette chaise peut par conséquent être remuée dans toute la longueur de la chaîne, mais de telle façon qu'on peut la rapprocher de la porte, mais qu'il est de toute impossibilité de l'avancer plus loin que le milieu de la table, et par conséquent de l'approcher du mur de fond où se trouve le vasistas.

Le long de ce mur (le mur de gauche toujours) règne un conduit de gaz aboutissant à un bec qui se trouve juste au-dessus de la table un peu à gauche. Il a été disposé ainsi pour que l'ombre de la main qui écrit se trouvât en dehors, et par conséquent ne gênât en aucune façon. Ce bec de gaz, je l'ai dit, n'est muni d'aucun bouton.

Dès que la nuit vient, le surveillant ouvre le guichet de la cellule, et crie au détenu : Allumez le gaz !

On enflamme une allumette, et on attend. Le surveillant tourne la clef à l'extérieur de la cellule et le gaz prend feu. A huit heures, le gaz s'éteint, toujours par les soins du surveillant, qui ferme à l'extérieur.

Il y a encore là quelques minutes curieuses à observer, tandis qu'on attend l'extinction du gaz. On se sent oppressé comme si un ami allait vous quitter, et la flamme qui disparaît vous laisse presque un vide dans le cœur,

Passons au mur de droite, qui n'est pas le moins intéressant.

Sur le mur de droite, au-dessus de la couche inférieure de peinture jaune chamois, sont collés cinq imprimés.

Le premier contient un almanach pour 1866 et 1867, encadré de dix colonnes de texte, signés de l'abbé J... (sic), et contenant des conseils religieux aux prévenus. Il y est notamment insisté sur la nécessité du travail et sur l'avantage de la cellule, les mouvements des prisons communes entraînant la promiscuité de vices, les mauvais conseils et la publicité de la faute et du châtiment.

Le deuxième imprimé contient le prix de vente des articles vendus dans les cantines des prisons de Paris. Voici les principales dispositions de ce tarif :

Beurre frais d'Isigny. . .	25 grammes. .	0 08
Chandelle des 6.	la pièce. . . .	0 14
Gruyère.	25 grammes. .	0 05
Bondon.	la pièce. . . .	0 15
Harengs fumés cuits. . .	la pièce. . . .	0 10
Œufs frais.	été.	0 07
— —	hiver.	0 10
Sucre blanc.	le kilog. . . .	1 40
Lait.	le litre. . . .	0 20
Couverts de buis.	le couvert. . .	0 50
Couteaux.	la pièce. . . .	0 10
Cervelas.	la pièce. . . .	0 16
Fromage de cochon. . . .	25 grammes. .	0 06

Le troisième présente un intérêt particulier; je l'ai copié entièrement :

Règles à observer par le détenu placé dans cette cellule.

Il est expressément défendu de chanter, de parler à haute voix ou de chercher à établir des communications avec les autres détenus. La même recommandation est expressément faite pour le temps du trajet aux parloirs ainsi qu'aux promenoirs.

Le détenu doit tenir la cellule constamment propre et n'y faire aucune dégradation, ni tracer aucun dessin sur les murs sous peine de punition.

Il doit tenir dans la plus grande propreté le siége et la cuvette du conduit d'aisances et n'y jeter que l'eau absolument nécessaire pour les soins de la propreté. Ce siége étant destiné à donner passage au mauvais air qui pourrait exister dans la cellule, le détenu aura soin de n'en fermer l'orifice que lorsqu'il tiendra sa fenêtre ouverte. Dans ce cas, il placera sur l'orifice du siége le petit tampon de bois destiné à cet usage et baissera le couvercle. Sans cette précaution, la ventilation, qui se fait par l'intérieur, ne pouvant s'opérer, l'air ne se renouvellerait pas, ce qui serait nuisible à la santé.

Tous les matins, à l'heure qui sera indiquée par le surveillant de la galerie, le détenu roulera son hamac et son matelas, les attachera ensemble, avec la courroie destinée à cet usage, et placera le tout propre et bien empaqueté sur la tablette.

Les couvertures et les draps seront pliés avec

régularité et placés sur la tablette qui se trouve au-dessus de la porte.

L'heure de dresser le lit, le soir, sera également indiquée par le surveillant, les lits ne devant jamais être tendus pendant le jour.

Lorsque le détenu aura besoin de parler au surveillant, il tirera la poignée de bois placée à côté de sa porte, ce qui fera résonner un timbre d'appel destiné à prévenir le surveillant. Il ne doit pas appeler de la voix et surtout ne pas déranger sans un motif urgent les préposés à la surveillance.

Lorsqu'il sera appelé, soit au parloir, soit au promenoir, soit au greffe, le prévenu devra s'y rendre avec célérité et en observant le plus grand silence.

Aux heures de distribution des vivres, il tiendra sa gamelle sur la planchette située devant le va-sistas de sa porte, de manière que le surveillant puisse la prendre facilement et que le service soit promptement fait.

Le prévenu est responsable des dégradations qu'il ferait, soit à sa cellule, soit au coucher ou au mobilier. S'il désire être visité par le médecin ou avoir d'urgence un entretien avec le directeur, l'aumônier ou autres employés, il en préviendra le surveillant chef de sa division, qui se chargera de prévenir qui de droit. Le prévenu peut également réclamer la visite de l'inspecteur général ou lui faire passer ses réclamations.

Chaque fois que le détenu sortira de sa cellule pour aller au greffe, au promenoir ou au parloir, il aura soin de se munir de la petite plaque qui se trouve suspendue au-dessus de la porte de la cellule afin de la représenter, à sa rentrée, au surveillant de la galerie pour s'en faire reconnaître.

Les détenus qui, par suite de condamnations, désireront former appel de leur jugement, écriront pour cela à M. le procureur impérial. Leur signature apposée au bas de la lettre devant être légalisée par le greffier, ils ne signeront qu'en présence de cet employé; ceux qui ne sauraient point écrire feront verbalement connaître leur désir au surveillant de leur galerie.

Lorsque ce détenu sera au parloir avec son visiteur, il ne devra élever la voix qu'autant qu'il sera nécessaire pour se faire entendre; dans le cas contraire, le surveillant chargé de la police le ferait immédiatement rentrer dans sa cellule.

Toute infraction sera puni conformément aux réglements.

Le quatrième imprimé est ainsi formulé :

2

Etat des objets composant le mobilier de la cellule d'un détenu valide :

Un hamac,
Un matelas laine et crin,
Couverture de laine beige (2 hiver, 1 été),
Deux draps de toile, d'un lé,
Une table à tiroir,
Une chaise ordinaire,
Une gamelle de fer-blanc étamé,
Un bidon, *id.* (pour l'eau),
Un gobelet, *id.*,
Une caisse de bois,
Une terrine pour la toilette,
Un jegneux crachoir,
Un balai de chiendent,
Un balai de bouleau,
Trois tablettes de bois blanc.

On appelle jegneux crachoir un pot en terre verni qui se place par terre auprès de sa table.

Le cinquième imprimé indique les règles à observer par le prévenu placé dans le promenoir, qui se résume en ces quelques mots : silence et bonne tenue.

Le lit.

Le lit se compose d'une large sangle de toile grise, très-forte, semblable à celle qui sert à confectionner les tentes militaires. Cette bande, large de 60 centimètres et longue de 1 mètre 60, est garnie à ses deux extrémités de rouleaux de bois qui s'adaptent, l'un, à la tête, dans deux crochets de fer fixés au mur; l'autre, au pied, dans deux chaînons munis de crochets.

C'est un hamac suspendu, comme on a dû facilement le comprendre. Sur cette sangle se pose un matelas de laine, avec draps et couvertures. Inutile de dire que de traversin ou d'oreiller il n'est nullement question.

L'horloge.

La connaissance du temps est-elle bien un adoucissement aux peines du détenu? pour moi, je le crois. L'horloge de Mazas résonne forte et grave, indiquant les heures, les quarts et les demies. Je désirerais un perfectionnement, c'est que l'heure se répétât à tous les quarts. On va me comprendre.

La connaissance de l'heure est indispensable aux détenus afin qu'ils règlent leur existence, conformément aux règles de la maison d'arrêt. A telle heure on prend les lettres; à telle autre, la promenade; à telles autres, les repas.

Si le détenu est absorbé par quelque occupation, il se peut qu'il n'entende pas l'heure elle-même. Alors il entend sonner un quart, une demie, trois quarts, sans savoir à quelle heure ces divers sons se rapportent.

Il faudrait donc que l'horloge sonnât ainsi :

Trois heures— Trois heures — un quart. Trois heures — et demie. Trois heures — trois quarts.

Ce changement paraît insignifiant, et cependant je le répète, il est de la plus grande importance. Car il faut partir de ce fait vrai, que sur onze cents détenus qui aujourd'hui écoutent tinter l'horloge de Mazas, un dixième au plus possède une montre.

La nourriture réglementaire.

La nourriture de la maison consiste en deux repas, l'un à huit heures du matin, l'autre à trois heures. Le premier repas consiste en une gamelle de bouillon avec du bœuf. J'ai goûté de ce bouillon, que je n'hésite pas à déclarer supérieur à celui que débitent bien des *gargottes* de ma connaissance. A trois heures, une gamelle de légumes, haricots, pois cassés. Un pain d'une livre, pain noir, dit de munition. J'en avais mangé au dépôt de la préfecture de police et préférai m'abstenir ici.

Pour ceux qui n'acceptent pas la nourriture réglementaire, les ressources ne manquent pas.

D'abord la cantine desservie par le surveillant, vin, œufs, fromage et charcuterie. Puis le commissionnaire qui, moyennant une *bonne main* de dix centimes, va chercher au dehors les plats que vous lui désignez.

Dépenses.

Pour l'édification de mes lecteurs, je transcrirai ici deux de mes notes :

Du 5 décembre :

Pain.	0 25
Vin.	0 80
Café au lait, pain et beurre .	0 50
Bifteck.	0 60
Œufs sur le plat.	0 30
Fromage.	0 20
Café.	0 40
Total.	3 05

2.

Du 6 novembre :

Pain.	0 25
Vin.	0 80
Café au lait, pain et beurre. .	0 50
Gigot. . . . . ,	0 50
Œufs à la coque.	0 30
Pommes.	0 10
Café.	0 40
Total.	2 85

Les parloirs.

Les parloirs ordinaires, que je n'ai fait qu'apercevoir (car par une faveur spéciale, due sans doute
au peu d'importance de l'accusation qui planait
sur moi), se composent de deux petites cellules
placées en face l'une de l'autre et séparées par
un couloir large de vingt-cinq centimètres envi‐
ron. Ces cellules *se regardent* par une cloison fer‐
mée de barreaux de fer et grillagée. Il y a dans
chacune d'elles juste la place nécessaire pour s'as‐
seoir. Le détenu est placé dans l'une, le visiteur
dans l'autre, et l'on se parle à travers la distance
du petit couloir, sans pouvoir ni s'embrasser, ni
se toucher la main. Il est interdit de parler haut,
et un gardien vous surveillant par le petit corri‐

dor dont j'ai parlé, toute communication est impossible. Inutile de dire qu'en outre le visiteur a été minutieusement fouillé à l'entrée de la prison. C'est ainsi qu'on voit sa femme, son père ou son enfant, et ceci les mardis et vendredis.

La promenade.

L'heure de la promenade est variable, en ceci que les préaux ne permettent qu'à cent prévenus de se promener simultanément, et plus de la moitié des prisonniers profitant de cette faculté, il faut au moins cinq heures pour que les promenades puissent s'effectuer. On se trouve donc, suivant le cas, de la première *fournée* ou des suivantes.

Donc le survelllant ouvre le guichet et crie : Promenade. Vous devez être tout prêt et crier : Oui.

Alors la porte s'ouvre ; le surveillant vous remet une petite plaque en tôle indiquant le numéro de votre cellule et vous enjoint de courir au bout de la galerie, de descendre l'escalier que vous rencontrez, et, toujours courant, d'aller jusqu'à une petite porte devant laquelle vous attend un autre surveillant.

Pourquoi courir ? demandez-vous. Voici l'expli-

cation de ce mouvement. Je l'ai déjà dit, il est de
principe à Mazas que jamais les détenus ne doi-
vent se rencontrer ni même s'apercevoir. Toute
communication est rigoureusement interdite.

Au moment où le signal des sorties pour la promenade a été donné, un coup de sonnette reten-
tit. Le premier détenu court jusqu'à la petite
porte dont je viens de parler, et ce n'est que
lorsqu'il l'a franchie qu'un nouveau coup de sonnette avertit le surveillant qu'un second détenu
peut être livré à la circulation.

Les préaux.

La description des promenoirs de Mazas a été
faite cent fois : cependant, pour l'intelligence de
ce trop fidèle compte-rendu, il est nécessaire que
je revienne sur ces détails.

Toute la maison d'arrêt est construite sur un
système circulaire. Ainsi, tracez un cercle au
centre, posez un point qui vous représentera le
greffe, puis tirez les rayons de ce centre à la circonférence, vous avez les salles de cellules. Entre
ces rayons, que je suppose au nombre de dix, tracez de nouveaux cercles et placez également au
centre un point, vous avez les promenoirs, qui
seront vingt rayons tirés de ce centre à la circon-

férence extérieure. Les promenoirs sont au nombre de cinq, dans chacun desquels peuvent se promener dix-neuf détenus. Les préaux, au nombre de dix-neuf, plus un vingtième qui sert de passage, sont, on le comprendra facilement, si on a pris la peine de tracer la petite figure que j'ai indiquée, étroits à l'endroit où ils touchent le centre et s'élargissent graduellement jusqu'à ce qu'ils rencontrent la circonférence, marquée ici par une grille de fer à trente-sept barreaux.

Voici les dimensions de chaque préau, séparé des autres par deux murs :

Largeur auprès du centre, c'est-à-dire à la porte, 75 centimètres.

Largeur à la circonférence, c'est-à-dire à la grille, 6 mètres 15.

Longueur des murs latéraux, 5 mètres.

Il faut quarante-deux pas ordinaires pour arpenter le tour du préau, et, singulière coïncidence, on fait d'un pas égal et soutenu, sans lenteur comme sans précipitation, quarante-deux fois le tour du préau en quinze minutes. Je l'ai expérimenté plusieurs fois et je puis répondre de l'exactitude de ces chiffres.

La promenade dure environ une heure, y compris le délai nécessaire pour l'entrée et la sortie.

Inutile de rappeler que chaque détenu est complétement seul dans son préau, qu'il peut lire et fumer, mais qu'il lui est interdit de chanter ou de tenter de se faire entendre de ses voisins du préau.!

Ce que nous avons appelé le centre est occupé par une rotonde, à rez-de-chaussée et à premier étage. Ce premier étage a un nombre de larges ouvertures correspondant au nombre des préaux. Un surveillant en fait continuellement le tour à l'intérieur pendant toute la durée des promenades. Il domine ainsi tous les préaux, qui, bien entendu, sont à ciel ouvert, et pas un mouvement des détenus ne lui échappe.

Comme si cette précaution n'était pas suffisante, un autre surveillant tourne continuellement aussi autour de la circonférence extérieure, regardant les détenus à travers les grilles dont j'ai parlé.

Un troisième surveillant se trouve dans la rotonde du centre, au rez-de-chaussée, surveillant les portes et se tenant toujours prêt à ouvrir, au cas où les détenus auraient besoin de son ministère.

Lorsque vous arrivez ou promenoir, on vous indique la porte du préau qui vous est échue en partage; il faut, aussitôt entré, tirer cette porte

sur soi. Le surveillant vous invite en même temps
à ne pas aller jusqu'à la grille du fond avant qu'il
vous y ait autorisé. Ceci pour éviter qu'à travers
cette grille vous ne puissiez apercevoir les détenus
traversant la cour pour se rendre au promenoir.

Enfin, tous les prisonniers étant casés dans leur
préau, le surveillant crie : Promenez-vous.

Vous êtes libres alors, soit de vérifier les chiffres que j'ai indiqués plus haut, soit, si vous êtes
fatigué, de vous asseoir sur un bloc de pierre, qui
se trouve auprès de la grille. Cette partie du
préau est, en outre, recouverte d'un auvent, refuge
en cas de pluie.

Dans un de ces préaux, je remarquai auprès de
la porte une large trappe de fer. J'ai appris depuis que c'était l'ouverture des égouts qui rayon-
nent sous cette *città dolente*.

Une nuit, un détenu tenta de s'évader : il par-
vint à ouvrir le vasistas que j'ai dépeint dans la
cellule, descella un barreau de fer et, se laissant
glisser avec ses draps, vint descendre dans un
préau où se trouvait une trappe semblable. Il l'ouvrit et se plongea résolument dans l'égout. Le
malheureux avait de l'eau jusqu'aux épaules, et
cette eau, immonde, était glacée. Il marcha cepen-

dant dans la direction de la Seine. L'espoir de la délivrance le soutenait. C'était un faux monnayeur condamné à dix ans de travaux forcés. Il aperçut enfin une lueur... c'était la Seine. Il était sauvé... il le croyait du moins. Mais l'ouverture de l'égout était fermée de solides barreaux de fer entrelacés. Tant de courage avait été inutile. Le misérable revint sur ses pas, à travers l'eau fangeuse. Il eut l'énergie de rentrer dans la prison, de grimper de nouveau jusqu'à sa cellule... Le lendemain, on le trouva épuisé, presque mourant.

Il avoua tout et fut condamné à deux ans d'emprisonnement pour tentative d'évasion.

II.

LONDRES

•

L'année dernière, le nombre des incarcérations a été de 116 286 pour l'Angleterre et le pays de Galles, savoir : 1 336 à Newgate, 5 759 à Cold-bathfields: 7 786 à Klerkenwell, 5 703 à West-minster, 1 469 à City-Prison, 2 329 à Horsemon-ger-Lane, 2 240 à Whitecross, 3 086 à Wands-worth et 33 à Queen's Prison.

LA PRISON DE NEWGATE.

Dont le nom signifie Porte-Neuve, est située sur l'emplacement de l'ancienne porte de la Cité. Elle a été bâtie en 1782. La façade a 300 pieds de lon-gueur ; la profondeur du bâtiment est de 192 pieds.

3

Les murs sont en pierre, sans ouvertures ni ornements; ils ont 50 pieds de haut. Le nombre total des cellules est de 130, mesurant 13 pieds sur 7, et d'une hauteur de 9 pieds. Chaque cellule contient un hamac, une table pliante fixée contre le mur, un *wa'er-closet*, un lavabo, un escabeau et des planches d'ardoise. Le hamac est retenu la nuit d'un côté à l'autre de la cellule, et, pendant la journée, on le replie. La fenêtre de chaque cellule a 3 pieds 6 pouces sur 2 pieds 6 pouces. Il n'y a pas de cheminées dans les cellules; mais la chaleur et la ventilation sont ménagées au moyen de conduites aboutissant dans les diverses parties du bâtiment. Au sous-sol se trouvent les cellules de punition, la salle de bains, le calorifère et les magasins.

La prison peut recevoir 192 prisonniers : le nombre moyen est chaque jour de 90.

Les frais nécessités par l'entretien de l'établissement et la garde des prisonniers sont d'environ 125 000 francs par an. Pour d'autres détails se reporter au chapitre *Exécutions*.

En réalité, les autres prisons de Londres ne présentent aucun caractère particulier, à l'exception de :

BRIDEWELL.

Cette prison reçoit les condamnés à l'emprisonment de courte durée. Elle a été élevée en 1820.

L'entrée se trouve dans New-Bridge street. On se trouve d'abord dans une cour dont le diamètre est de 250 pieds, et laisse aux bâtiments de l'air et de la lumière. Aux quatre coins de cette cour sont la maison du gouverneur, celles du geôlier, de la matrone et les cuisines.

Les prisonniers sont généralement au nombre de 600 : les prévenus sont séparés des condamnés, et la division entre les sexes est complète. Les femmes, après libération, sont placées, les unes en service, les autres dans divers ateliers. Les jeunes garçons entrent dans la marine royale, d'autres dans la marine marchande ou l'armée.

A la prison de Clerkenwell et dans plusieurs autres, se trouve le *mill* ou moulin de discipline.

C'est en grand l'exercice de l'écureuil. Les hommes, placés sur d'énormes gradins, montent d'un échelon, sans pour cela s'élever, puisque la roue se met en mouvement et tourne. Ces moulins servent d'ailleurs à mettre des machines en mouvement.

III.

LES IN PACE

Remontons un moment au moyen âge, ne fût-ce que par contraste et pour préparer le lecteur aux atrocités des chapitres suivants :

« En 1790, dit Dulaure, lorsque l'on fit évacuer les bâtiments des Capucins, on découvrit, dans un lieu secret, au fond d'un corridor qui communiquait au cloître, ce qu'on nommait autrefois les oubliettes, les *in pace*. Aux deux angles d'une pièce à demi-souterraine, on voyait deux espèces de cachots séparés l'un de l'autre par un intervalle d'une toise et demie. Deux côtés de chacun de ces cachots étaient formés par les angles des murs du couvent : les deux autres côtés par une cloison composée de gros madriers de chêne, unis entre eux par des liens de fer, le tout recouvert en maçonnerie. La seule ouverture par laquelle les vivres et le jour pouvaient momentanément pénétrer dans ce cachot avait environ 1 pied et demi de haut sur 5 pouces de large; cette ouverture était encadrée par des barres et des plaques de fer. Le guichet par où l'on introduisait le prisonnier n'avait pas plus de 4 pieds de hauteur; il était garni d'énormes serrures ou verrous.

« Le cardinal de Coumis, évêque d'Orléans, ayant entendu par hasard, un jour, chez les Capucins, les gémissements d'un de leurs prisonniers, se servit de toute son autorité pour faire tirer en sa présence ce malheureux de sa prison. C'était une espèce de citerne ou puits dont l'ouverture était fermée par une grosse pierre. Jamais spectacle ne fut plus touchant; cet infortuné était nu, ses habits étaient tombés en pourriture; sa barbe et ses cheveux étaient chargés d'un vert semblable à celui qui se forme sur les murailles humides.

Son crime était d'avoir, dans un mouvement de colère, pris le gardien par la barbe.

IV.

LES CAGES DE FER

« Ces cages , dit P. Larousse , étaient disposées de telle façon que celui qui y était renfermé ne pouvait s'y tenir ni debout, ni assis, ni couché, et cela durant des années , si le supplice ne se terminait pas par la mort.

Une des plus célèbres *cages de fer* se trouvait dans le château de Loches. Elle était située dans les oubliettes que Louis XI avait fait creuser. Cette *cage* était en bois garni de fer, et avait 8 pieds carrés sur 6 de hauteur. On peut en voir le dessin dans l'un des portefeuilles du cabinet des Estampes de la Bibliothèque impériale. Le premier qui en fit l'essai fut l'inventeur lui-même, le cardinal La Balue, qu'on y tint enfermé pendant onze ans,

à la grande joie du peuple, qui en fit des chan=
sons. Philippe de Commines y fut enfermé pendant huit mois.

Beaucoup de prisons d'État avaient leur cage de
fer, comme les châteaux du moyen-âge leurs oubliettes. La cage de fer du mont Saint-Michel est
l'une des plus connues.

DEUXIÈME PARTIE

LES BAGNES

LES BAGNES

TRANSPORT AU BAGNE.

Pendant longtemps, le transport des condamnés se fit à pied, par étapes, en réunion de forçats dont l'ensemble dépassait quelquefois le nombre de deux cents. On donnait à cette longue *série* de malfaiteurs le nom de chaîne.

II.

LE FERREMENT.

Le ferrement des galériens s'effectuait à Bicêtre et se composait d'un collier espèce de carcan dont le boulon était solidement rivé. De ce collier partait un chaînon qui descendait à la ceinture, pour monter de ce point au collier du forçat voisin et ainsi de suite jusqu'à l'extrémité de la colonne, rattachée dans son ensemble au moyen d'une chaîne générale.

III.

L'INSTALLATION.

Aussitôt que le forçat est rendu à destination, il perd son caractère d'homme ; il n'est même plus une chose : un numéro sur la matricule du bagne, et c'est tout. On lui rase la tête, on le dépouille de ses vêtements, que l'on remplace par le costume réglementaire.

IV.

LE TROUSSEAU DU FORÇAT.

Ce trousseau se compose comme suit : deux chemises de grosse toile écrue.

Le *Mouy*, veste rouge en étoffe de laine très-commune, sans collet ni bouton.

Deux larges pantalons, soit en étoffes semblables à celle de la veste, soit en toile écrue suivant la saison.

Un bonnet de laine portant le numéro sur une petite plaque de fer-blanc. Ce bonnet est rouge pour les condamnés à temps, vert pour les condamnés à perpétuité.

Une paire de gros souliers ferrés.

. Cette garderobe doit durer deux ans.

V.

LA CHAINE DU FORÇAT.

La chaîne du forçat est composée de dix-huit maillons; chaque maillon a 33 centimètres.

Voici comment s'opère l'accouplement. A peine descendu ou plutôt transporté de la voiture cellulaire, le condamné est placé à plat ventre sur la souche, un forçat lui fait plier le genou en lui élevant la jambe jusqu'à la hauteur d'une enclume fixe; un anneau d'acier nommé la manille lui embrasse la jambe, et aussitôt est fermé et rivé par le marteau du ferreur. La chaîne est prise dans la manille. A l'aide d'un anneau de jonction on marie les deux chaînes et on opère l'accouplement ou la mise en couple.

Le condamné revêt une ceinture en cuir à laquelle est attaché un crochet de fer qui supporte

une partie de sa chaîne, et la relève le long de
la jambe jusqu'à la ceinture.

La double chaîne est une longue et lourde en-
trave qui attache à son banc l'indocile, le récidi-
viste ou l'évadé quand il subit un jugement à
perpétuité. Cette attache laisse au condamné la faculté de faire quelques pas dans la salle où il vit
tout le jour parmi ceux qui subissent la même
peine et où il a surtout abondance d'air vital.

Un maillon triangulaire, qu'on nomme marti-
net, réunit pendant la promenade dans le port
qu'on accorde quelquefois plusieurs heures des
condamnés de cette catégorie; et la nuit il est fixé
au ramas, anneau où aboutissent toutes les
chaînes.

VI.

LE TRAVAIL DU FORÇAT.

Un coup de canon donne le signal du travail
dans le port, à cinq heures pour l'été, à six heures pour l'hiver. La cloche du bagne sonne et le
sifflet du surveillant met les galériens debout. A
la sortie de la chiourme, sortie qui se fait avec
ordre et par couples, un *rondier* explore au moyen

d'un marteau les manilles et les maillons du ferrement, pour s'assurer que la lime ou le ciseau ne
les ont pas attaqués. Chacun des gardes chiour-
mes reçoit alors sous sa direction un nombre de
forçats, qui varie de seize à vingt-quatre, et les
conduit aux ouvrages du port.

Les travaux du galérien sont divisés en deux
principales catégories, sous les noms de *grande* et
de *petite fatigue.*

La *grande fatigue* comprend la traction des char-
rettes, la conduite des barques à rames, les gros
travaux et le nettoyage du port, à l'air libre et
sous toutes les intempéries des saisons. Les travaux les plus rudes et les plus pénibles sont ef-
fectués par les forçats à temps les moins dociles
et par les condamnés à perpétuité, qui restaient
jadis cloués sur leurs *tollards.* Depuis qu'on les
emploie très-activement, les révoltes si fréquentes
autrefois sont aujourd'hui très-rares; l'expérience
a de plus démontré que les galériens qui travaillent le plus sont précisément ceux qui se livrent
le moins à l'insurrection.

La *petite fatigue* embrasse les travaux qui se
font dans les parties couvertes du port, dans les
magasins, à bord des bâtiments, dans la voilerie,
la corderie, etc. Les forçats qui les exécutent re-

çoivent un salaire qui varie depuis cinq jusqu'à vingt centimes par jour. L'administration conserve le tiers, qui se trouve capitalisé pour former le pécule dont une moitié sera donnée au libéré lors de sa sortie et l'autre déposée à la mairie de sa commune.

Un seul garde chiourme, portant sur l'épaule sa carabine chargée, conduit de leur salle dans le port, qui communique directement avec le bagne, seize à vingt-quatre hommes. Ils marchent couplés sur deux rangs, dans le calme le plus parfait. A l'arrivée au lieu du travail, comme au départ, ils répondent à l'appel de leur numéro; puis se mettent lentement à l'ouvrage.

VII.

BAZAR DU BAGNE.

A Brest, il est placé dans la petite cour d'entrée à droite, à la suite même des cachots. Le local est d'assez pauvre apparence, mais les objets qu'il renferme sont en général très-curieux. On y trouve des ouvrages en papier, en carton, en paille, en aloës très-soigneusement exécutés.

D'autres en buis, en coco, en ivoire, sculptés plus ou moins artistement; les marchands de ces objets sont des forçats éprouvés et déferrés.

VIII.

NOURRITURE DU FORÇAT.

Dans les bagnes, le régime alimentaire se compose pour la journée de 917 grammes de pain ou 700 grammes de biscuit; 120 grammes de fèves ou haricots cuits à l'eau, assaisonnés avec le beurre ou l'huile; 48 centilitres de petit vin ou 96 centilitres de cidre; ceux qui restent sur les bancs ou tollards ne boivent que de l'eau.

Les forçats qui touchent de l'argent de leur famille ou qui se livrent à des travaux lucratifs ont la permission d'améliorer ce régime alimentaire en achetant la viande, les légumes, les fruits, le fromage, que leur vend un fournisseur à des prix réglés par l'administration et qui ne peuvent jamais s'élever au dessus de vingt centimes par objet. Le débit du vin et des liqueurs est interdit da la façon la plus formelle.

IX.

LA NUIT DU FORÇAT.

Avant la chute du jour, s'effectue la rentrée au bagne. Tous les galériens sont fouillés par les surveillants. Après le souper, les forçats peuvent encore travailler. Le coucher se fait à huit heures. A Brest, chacune des salles peut contenir de cinq à six cents condamnés. Dans ces différents dortoirs, on rencontre sur une même ligne vingt-cinq bancs, dont la forme est celle de deux grands lits de camp adossés. Sur chaque banc, nommé tollard, sont couchés vingt-quatre galériens, douze sur chacun des rangs disposés en plan incliné. A chaque place désignée par son numéro, se trouve une couverture de laine grise très-grossière, pouvant envelopper l'homme assez complètement pour qu'il ne repose pas immédiatement sur le bois. Chaque forçat trouve dans ce lit commun son espace rigoureusement déterminé, sa case marquée, dont il ne doit jamais s'écarter sans permission.

Lorsqu'ils sont tous couchés, on passe dans les chaînes particulières une chaîne commune au même rang, et qui nè ménage de liberté que juste dans l'étendue très-limitée du parcours indispensable pour arriver au baquet de nuit, placé à l'extrémité de chaque intervalle des bancs, dans une espèce de niche surmontée d'un robinet qui fournit amplement l'eau nécessaire aux ablutions, de telle telle sorte qu'en réalité les salles n'offrent pas une trop mauvaise odeur.

Alors un coup de sifflet donne le signal du silence et du sommeil...... Quel sommeil ?

X.

SURVEILLANCE DU BAGNE.

Dans le bagne de Brest, aux deux extrémités de chaque salle, sur une estrade élevée de sept à huit pieds, se trouve une pièce de canon chargée à mitraille, constamment pointée sur la rangée des *tollards*.

Indépendamment de la police extérieure exercée par les gardes-chiourmes, les surveillants, les rondiers, etc., on établit parmi les condamnés des agents mystérieux, auxquels on donne ainsi, d'une manière funeste à leur situation, à leur propre sûreté, les tristes caractères d'*espions*. Lorsqu'ils sont en effet reconnus et dévoilés, leur compagnons de captivité les nomment renards, moutons, et les prennent tellement en aversion, qu'ils trouvent bientôt le moyen de s'en défaire. Dans ce cas, un forçat disparaît à la mer, ou peut être écrasé sous un amas de pierres, de bois, qui semble avoir croulé par accident.

XI.

PUNITIONS

La bastonnade s'administre. avec une corde goudronnée qu'on nomme *garcette*, depuis dix jusqu'à cent coups. Le coupable est couché pour cette correction sur un madrier appelé banc de justice.

Au bagne de Brest, les cachots des condamnés à mort font horreur par leur terrrible et sinistre disposition : Le malheureux est cloué sur le lit de camp par des chaînes assez courtes pour qu'il ait été nécessaire de pratiquer aux planches nues de ce lit de douleur un trou servant à l'accomplissement des besoins les plus habituels.

XII.

LIBÉRATION DU FORÇAT.

Quatre-vingts jours avant l'expiration de sa peine, le condamné fait connaître la résidence qu'il a choisie et qui ne peut être Paris, Versailles, ni aucune autre résidence impériale.

Dès ce moment, il peut laisser croître sa barbe, ses cheveux; sonvent on modifie son costume et on lui donne un bonnet brun ou violet.

A l'expiration de la peine, on lui délivre le pécule, qu'il a su ménager. On lui donne des vêtements d'homme libre. On lui signe, au commissariat du bagne, son congé, une feuille de route indiquant l'itinéraire qu'il doit suivre sans déviation, restant sous la surveillance de la police.

Arrivé à la mairie de la commune sur laquelle on l'avait dirigé, il reçoit une curte en échange de sa feuille de route.

* * *

Les bagnes ont été supprimés par la loi du

1er juin 1854, la peine des travaux forcés devant être subie à l'avenir dans des établissements créés par décret, sur le territoire d'une ou de plusieurs possessions françaises, autres que l'Algérie.

TROISIÈME PARTIE

LES TORTURES

LES TORTURES

Il n'est aucun supplice rêvé par l'imagination qui n'ait été appliqué par les tyrans ou les inquisiteurs ; aucune partie du corps qui n'ait été soumise aux souffrances les plus odieuses.

Les tortures avaient pour but soit de punir les prétendus coupables, soit de leur arracher des aveux : et nous avons un grand nombre d'exemples de cas dans lesquels les misérables qu'on soumettait à la torture avouaient des crimes imaginaires pour échapper à leurs bourreaux ou obtenir une mort plus prompte. Voyez à ce sujet le volume de la Bibliothèque des curiosités, traitant de la folie et des prétendus sorciers et démonomaniaques.

Passons rapidement en revue les diverses parties du corps, et constatons que la fantaisie des bourreaux et des tortionnaires n'a négligé aucune invention.

I.

LES CHEVEUX.

On épilait le patient, on lui arrachait par petites touffes les cheveux, la barbe, les moustaches et les poils des autres parties du corps. Cette torture était intolérable et rappelait le supplice du feu.

Les sauvages *scalpent* leurs prisonniers; c'est-à-dire qu'avec un couteau bien effilé, ils leur font rapidement une incision tout autour du crâne, puis, tirant violemment la chevelure, arrachent toute la peau de la tête.

II.

LES YEUX.

Cette partie du corps considérée comme la plus sensible avait naturellement attiré l'attention des bourreaux.

Seleucus Nicanor, roi de Syrie, avait fait une loi qui ordonnait qu'on crevât les yeux aux hommes adultères.

On crevait les yeux soit avec une pointe de fer à froid, soit avec un instrument rougi au feu.

L'arrachement se faisait au moyen de tenailles d'une forme particulière; et le plus souvent on remplissait l'orifice béant soit avec du plomb fondu, soit avec du poivre ou autre piment brûlant.

L'aveuglement se faisait au moyen d'un bassin ardent que l'on appliquait sur les yeux.

On a encore imaginé ceci : on coupait les paupières du patient, de façon à ce que l'orbite de l'œil ne se pût couvrir en aucune façon, et on l'étendait sur le dos au grand soleil. L'aveuglement se produisait après des tortures affreuses.

III.

LES PIEDS ET LES MAINS.

En Chine, la torture s'exerce aux pieds et aux mains.

On se sert pour les pieds d'un instrument qui consiste en trois pièces de bois croisées, dont celle du milieu est fixe et les deux autres mobiles; on met les pieds du patient dans cette machine, et on les y serre avec tant de violence, que la cheville du pied en est aplatie. Quand on donne la question aux mains, on emploie de petits morceaux de bois qu'on place entre les doigts de l'accusé, puis on lie étroitement avec des cordes, et cette gêne cruelle est prolongée arbitrairement, suivant la gravité des cas ou la résistance du patient.

Une peine très-usitée était celle-ci :

Le patient, agenouillé, étendait sa main à plat sur un billot haut d'un pied environ, et d'un coup de hachette ou de couperet, le bourreau lui faisait sauter la main.

Le moignon était aussitôt renfermé dans un sac plein de son et fortement lié, pour arrêter l'hémorrhagie.

Sous l'empire du code 1810, cette mutilation se faisait à l'aide d'un couperet, sur l'échafaud même où était dressé la guillotine.

IV.

LES BRODEQUINS.

Les brodequins consistaient en une sorte de boîte ou de bas de parchemin que l'on mouillait et que l'on appliquait ainsi à la jambe du patient ; ensuite, on appochait cette jambe du feu qui,

occasionnant un violent rétrécissement au parchemin, serrait la jambe et causait une douleur
insupportable.

Il y avait aussi une autre sorte de torture : Les
brodequins consistaient alors en quatre fortes
planches liées avec des cordes tout autour. Les
jambes étaient emboîtées entre ces quatre planches
et on les serrait ; puis, on passait des coins entre
les deux côtés des planches qui séparaient les
deux jambes. Les coins les écartaient et reje-
taient l'effort sur les os des jambes qui se luxaient,
se tordaient ou se brisaient. La question ordinaire était de quatre coins, la question extraordinaire de huit.

V.

LA CANGUE.

Supplice usité en Chine. La cangue est une
table pesante dans laquelle il y a trois trous,
l'un pour passer la tête et les deux autres pour
recevoir les mains. Le coupable est quelquefois
condamné à la porter pendant plusieurs mois,
quelquefois même pendant plusieurs années.

4.

VI.

LE CARCAN.

Le condamné est mené à pied, les deux mains liées et attachées derrière la charrette de l'exécuteur des hautes-œuvres, jusqu'à un poteau planté sur la place publique; à ce poteau est attachée une chaîne au bout de laquelle pend un collier de fer de trois doigts de largeur, ayant une charnière pour l'ouvrir. On fait entrer le cou du patient dans ce collier qu'ensuite on ferme avec un cadenas. Il reste dans cet état, aux termes de son arrêt, plus ou moins d'heures.

Le carcan de Perse diffère de celui que nous venons de décrire : il est long d'environ trois pieds et composé de trois pièces de bois, dont l'une est plus courte que les autres, ce qui forme un triangle allongé. Celui qui le porte a le cou pris vers le sommet du triangle, tandis que sa main est attachée à l'extrémité. Il peut aller et venir dans cet état, mais il doit avoir toujours un garde avec lui.

VII.

LE POTEAU A PERPÉTUITÉ.

L'empereur d'Allemagne, Joseph II, sous le prétexte d'abolir la peine de mort, imagina d'attacher le condamné à un poteau pour toute sa vie, sans qu'il put ni remuer ni se coucher. On lui apportait sa nourriture, du pain, de l'eau et quelquefois de la soupe.

VIII.

QUESTIONS PAR L'EAU.

Lorsque l'accusé avait entendu la lecture de sa sentence, on le faisait asseoir sur une espèce de tabouret de pierre, on lui attachait les poignets à deux anneaux de fer distants l'un de l'autre derrière son dos, puis les deux pieds à deux autres anneaux qui tenaient à un autre mur devant lui, on tendait toutes les cordes avec force, et lorsque le corps du criminel commençait à ne se plus pouvoir étendre, on lui passait un tréteau sous les reins, ensuite on tendait encore les cordes. Le questionnaire tenait d'une main une corne de bœuf creuse, de l'autre il versait de l'eau dans la corne, et en faisait avaler au criminel quatre pintes pour la question ordinaire, huit pintes pour la question extraordinaire. Un chirurgien faisait suspendre la question, suivant qu'il sentait faiblir le pouls du patient.

Voici une infâme complication inventée par l'inquisition d'Espagne. Après avoir lié le patient de cette façon, que la tête fut plus basse que le pieds, les bourreaux introduisent au fond de la gorge de la victime un linge fin mouillé, dont une partie lui couvre les narines; on lui verse ensuite de l'eau dans la bouche et le nez, et on laisse filtrer avec tant de lenteur qu'il faut plus d'une heure pour qu'un litre soit avalé. Aussi le patient ne trouve aucun intervalle pour respirer; à chaque instant, il fait un effort pour attraper un peu d'air, les linges mouillés s'y opposent.

Ne pas oublier que pendant ce temps on broie ou tenaille les bras et les jambes.

Voici la description authentique d'un des nombreuses tortures subies par une des victimes de l'inquisition :

On commença par le dépouiller nu; on le fit

mettre à genoux tandis que ses bras étaient tenus
en l'air; on lui ouvrit la bouche avec des outils
de fer, et on lui fit avaler de l'eau jusqu'à ce
qu'elle découlât de sa bouche; alors on lui passa
une corde au cou, et on le fit rouler sept fois la
longueur de la chambre, ce qui faillit l'étranger.
On lui attacha ensuite une corde mince autour des
deux gros doigts des pieds; on le suspendit la
tête en bas, puis on coupa la corde qu'il avait
passée autour du cou. Il fut laissé dans cet état
jusqu'à ce qu'il eût dégorgé toute l'eau qu'il avait
bue : puis on le laissa retomber à terre, où il demeura longtemps comme mort. Ce fut alors que,
par un bonheur imprévu, il fut délivré de prison
et revint dans son pays.

IX.

LA BASTONNADE.

En Chine, lorsque le mandarin tient son audience, il est assis gravement devant une table,
sur laquelle est un étui rempli de petits bâtons
longs d'un demi-pied et larges de deux doigts.
Plusieurs huissiers armés de bâtons ou *pant sées*

l'environnent. Au signe qu'il donne en tirant et jetant ces bâtons, on saisit le coupable, on l'étend ventre contre terre, on lui abaisse le haut de chausse jusqu'aux talons; et autant de petits bâtons le mandarin tire son étui et jette par terre, autant d'huissiers qui se succèdent, et appliquent chacun cinq coups sur les reins du patient.

Si le nombre des coups ne passe pas vingt, ils sont regardés comme une correction paternelle qui n'imprime aucune tache. L'Empereur, lui-même, l'a fait quelquefois subir aux personnes d'un rang distingué, et ne les voit pas moins après cette humiliation.

X.

LES ÉTRIVIÈRES A LONDRES.

L'*International*, dans sa chronique de Londres, donnait récemment d'épouvantables détails sur le supplice des étrivières.

Quatre *garotteurs* furent fouettés dans la cour de la prison : Jones et Cole, condamnés à recevoir chacun dix-huit coups de lanière, et Malloy et Williams à vingt-deux coups.

Lorsque le bourreau commença sa besogne, le gouverneur de New-Bailey, un chirurgien et deux magistrats assistaient à la séance, pour constater que les coups étaient bien solidement appliqués, et probablement aussi pour tuer un peu le temps.

Les garotteurs ont leur amour-propre; ils ont juré de ne pas pousser un seul cri durant le supplice. Mais, hélas! au sixième coup, lorsque la peau se déchire comme du papier humide, les hurlements ne tardent pas à se faire entendre; à chaque nouveau coup, les douleurs atrocent arrachent des cris déchirants, les garotteurs deviennent à peu près fous; leurs yeux étincellent, l'écume sort de leur bouche... c'est hideux!

Au dernier coup de lanières, les malheureux ne sentent rien ou presque rien; ils sont presque toujours évanouis.

Quant au gouverneur, au chirurgien et aux deux magistrats, ils demeurent aussi impassibles que le bourreau. Ils sont déjà blasés; ils ont déjà tant vu de bastonnades! Ça n'a pas l'attrait de la nouveauté.

Jones, qui a reçu dix-huit coups, n'a pas fait entendre une seule plainte; son visage seulement faisait d'horribles convulsions, mais il serrait les lèvres afin de n'émettre aucun son.

— Voilà le coquin, a dit le chirurgien, voilà le coquin le plus endurci que j'aie jamais vu.

William est venu le dernier. Les hurlements de ses camarades l'avaient tellement terrifié, que ses jambes se dérobaient sous lui ; il était aussi pâle qu'un cadavre ; ses yeux lui sortaient de la tête. Au premier coup de lanière, il a poussé un cri.

— J'étouffe ! s'est-il écrié ; je me meurs.

Il avait, en effet, au cœur des palpitations si vives qu'un second coup de lanière l'aurait infail- liblement tué.

— Ce sera pour demain, a dit le docteur, ren- voyez cet homme en prison.

Le gouverneur est allé visiter les garotteurs dans leurs cellules, il en est ressorti en disant :

— Ce petit exercice leur a fait beaucoup de bien !

XI.

LE KNOUT.

Le knout est un fouet fait avec un morceau de cuir fort épais, qui a deux ou trois pieds de lon- gueur, et taillé de façon qu'il est carré et que ses côtés sont tranchants; il est attaché à un manche de bois, long de deux pieds, par le moyen d'une espèce d'anneau qui le fait jouer comme un fléau. Les bourreaux appliquent les coups sur le dos avec tant d'adresse, qu'il n'y en a pas deux qui tombent sur le même endroit; ils sont placés les uns à côté des autres, de manière qu'il est facile de les distinguer, car chaque coup emporte la peau.

XII.

LA BOULINE.

Ce châtiment est infligé aux malfaiteurs sur les vaisseaux de l'État. L'équipage est rangé en deux haies de l'avant à l'arrière du navire; chaque homme a une garcette à la main; le coupable a les mains liées et la tête couverte d'une manne ou panier pour garantir sa figure : avec un caleçon pour tout vêtement; il suit une corde et passe deux ou trois fois entre ces deux haies d'hommes qui donnent chacun un coup chaque fois qu'il passe. Quelquefois, pour que le coupable reçoive bien tous les coups qui lui sont destinés, on met en avant de lui un soldat de marine qui marche au pas en lui tenant le bout de sa baïonnette sur la poitrine pour l'empêcher d'avancer trop vite.

XIII.

L'ESTRAPADE.

On lie les mains de l'accusé derrière le dos ; on lui attache des poids énormes aux pieds, après quoi on l'élève à l'aide d'une poulie à laquelle on fait toucher sa tête ; on le tient suspendu quelque temps de cette manière afin de distendre tous ses membres et ses jointures. Alors on le laisse retomber tout d'un coup, de manière cependant que ses poids ne touchent point la terre, et que, par cette secousse subite, ses bras et ses jambes se trouvent disloqués. On recommence plusieurs fois cette opération pendant laquelle on frappe les condamnés de coups de fouet.

XIV.

LA VEGLIA.

A Rome, métropole des inquisiteurs, on raffinait sur les tortures. On faisait chauffer une chambre par des brasiers ardents; on rasait le patient et on ne lui laissait aucun poil sur le corps. Au milieu de la chambre, s'élevait un poteau qui se terminait en une pointe de l'épaisseur du pouce à peu près. On plaçait le patient sur ce poteau et, au moyen de cordes, on le maintenait dans la position nécessaire pour que le poids du corps portât sur l'anus; et on approchait les brasiers ardents.

Comme idée digne des inquisiteurs, nous remarquerons qu'ils avaient imaginé de placer au-dessus du misérable une glace qui lui montrait son état et le lui rendait plus atroce encore.

— L'assassinat, chez les Hurons, est puni d'une étrange manière. Ils étendent le corps mort sur des perches au haut de la cabane, et le meurtrier est placé pendant plusieurs jours, immédiatement au-dessous, pour recevoir ce qui découle du cadavre, non-seulement sur soi, mais encore sur ses aliments, à moins que, par faveur spéciale, il n'obtienne des paren's que ses vivres en soient garantis.

— En Corée, un homme libre, surpris avec une femme mariée, est exposé nu dans tous les carrefours, le visage barbouillé de chaux, chaque oreille percée d'une flèche et une sonnette sur le dos.

XV.

SUPPLICE DU CAVEAU.

Autrefois, en Suède, on attachait les bras du patient derrière le dos, puis on le faisait descendre dans un caveau souterrain pratiqué sur une rivière et qui n'en était séparé que par une grille de fer. L'eau coulait sous cette grille : le misérable, les jambes et les pieds nus, était obligé de marcher sur la grille jusqu'à ce qu'il eût avoué son crime. Ce supplice était très-douloureux; une lassitude extrême s'emparait d'abord du malheureux; ce malaise général lui arrachait des cris et des aveux souvent inexacts.

— Nous pourrions rendre cette énumération plus longue, mais, comme presque toutes les tortures entraînaient la mort, le lecteur pourra satisfaire sa curiosité en étudiant la quatrième partie de notre travail, traitant des supplices suivis de mort.

LA PEINE DE MORT

LA PEINE DE MORT

I.

CHEZ LES CARTHAGINOIS.

Nous empruntons au livre si remarquable de
M. G. Flaubert, *Salammbô*, la description d'un
horrible supplice :

« Au sommet de l'Acropole, la porte du cachot,
taillée dans le roc au pied du temple, venait de
s'ouvrir, et, dans ce trou noir, un homme sur le
seuil était debout.

« Il en sortit courbé en deux, avec l'air effaré
des bêtes fauves quand on les rend libres tout à
coup.

« La lumière l'éblouissait; il resta quelque temps
immobile. Tous l'avaient reconnu et ils retenaient
leur haleine.

« Le corps de cette victime était pour eux une

chose particulière et décorée d'une splendeur presque religieuse. Ils se penchaient pour le voir, les femmes surtout. Elles brûlaient de contempler celui qui avait fait mourir leurs enfants et leurs époux, et du fond de leur âme, malgré elles, surgissait une infâme curiosité, — le désir de le connaître complètement, envie mêlée de remords et qui se tournait en un surcroît d'exécration.

« Enfin il s'avança ; alors l'étourdissement de la surprise s'évanouit. Quantité de bras se levèrent et on ne le vit plus.

« L'escalier de l'Acropole avait soixante marches. Il les descendit comme s'il eût roulé dans un torrent du haut d'une montagne; trois fois on l'aperçut qui bondissait, puis en bas, il retomba sur les deux talons.

« Ses épaules saignaient, sa poitrine haletait à larges secousses, et il faisait, pour rompre ses liens, de tels efforts, que ses bras croisés sur ses reins nus, se gonflaient comme des tronçons de serpents.

« De l'endroit où il se trouvait, plusieurs rues partaient devant lui. Dans chacune d'elles, un triple rang de chaines en bronze, fixées au nombril des dieux-pateaques, s'étendait d'un bout à l'autre, parallèlement; la foule était tassée contre les maisons, et, au milieu, des serviteurs des anciens se promenaient en brandissant des lanières.

« Un d'eux le poussa en avant d'un grand coup; Mâtho se mit à marcher.

« Ils allongeaient leurs bras par-dessus les chaînes, en criant qu'on lui avait laissé le chemin trop large; et il allait, palpé, piqué, déchiqueté par tous ces doigts; lorsqu'il était au bout d'une rue, une autre apparaissait; plusieurs fois il se jeta de côté pour les mordre, on s'écartait bien vite, les chaînes le retenaient et la foule éclatait de rire.

« Un enfant lui déchira l'oreille, une jeune fille dissimulant sous sa manche la pointe d'un fuseau, lui fendit la joue; on lui enlevait des poignées de cheveux, des lambeaux de chair; d'autres avec des bâtons, ou tenaient des éponges imbibées d'immondices, lui tamponnaient le visage. Du côté de sa gorge, un flot de sang jaillit; aussitôt le délire commença. Ce dernier des barbares leur représentait tous les barbares, toute l'armée, ils se vengeaient sur lui de leurs désastres, de leurs terreurs, de leurs opprobres. La rage du peuple se développait en s'assouvissant; les chaînes trop tendues se courbaient, allaient se rompre; ils ne sentaient pas les coups des esclaves

5.

tapant sur eux pour les refouler ; d'autres se cramponnaient aux saillies des maisons ; toutes les ouvertures dans les murailles étaient bouchées par des têtes ; et le mal qu'ils ne pouvaient lui faire, ils le hurlaient.

« C'étaient des injures atroces, immondes, avec des encouragements ironiques et des imprécations, et comme ils n'avaient pas assez de sa douleur présente, ils lui en annonçaient d'autres encore plus terribles pour l'éternité.

« Ce vaste aboiement emplissait Carthage, avec une continuité stupide. Souvent une seule syllabe, — une intonation rauque, profonde, frénétique,—était répétée durant quelques minutes par le peuple entier. De la base au sommet les murs en vibraient et les deux parois de la rue semblaient à Mâtho venir contre lui et l'enlever du sol, comme deux bras immenses qui l'étouffaient dans l'air.

« Cependant, il se souvenait d'avoir, autrefois, éprouvé quelque chose de pareil. C'était la même foule sur les mêmes terrasses, les mêmes regards, la même colère ; mais alors il marchait libre, tous s'écartaient, un dieu le recouvrait ; — et ce souvenir, peu à peu se précisait, lui apportait une tristesse écrasante. Des ombres passaient devant ses yeux; la ville tourbillonnait dans sa tête, son sang ruisselait par une blessure de sa hanche; il se sentait mourir; puis ses jarrets plièrent, et il s'affaissa tout doucement sur les dalles.

« Quelqu'un alla prendre au péristyle du temple de Melkarth, la barre d'un trépied rougi par des charbons, et la glissa sous la première chaîne, il l'appuya contre sa plaie. On vit la chair fumer; les huées du peuple étouffèrent sa voix; il était debout.

« Mais six pas plus loin, et une troisième, une quatrième fois il tomba; toujours un supplice nouveau le relevait. On lui envoyait avec des tubes des goutelettes d'huile bouillante; on sema sous ses pas des tessons de verre; il continuait sa marche; mais au coin de la rue de Stateb, il s'accota sous l'auvent d'une boutique, le dos contre la muraille, et n'avança plus.

« Alors les esclaves du conseil le frappèrent avec leurs fouets en cuir d'hippopotame, si furieusement et pendant si longtemps que les franges de leurs tuniques étaient trempées de sueur. Mâtho paraissait insensible; puis, tout à coup, il prit son élan, et il se mit à courir au hazard, en faisant avec ses lèvres le bruit des gens qui grelottent par un grand froid. Il enfila la rue de Bondés, la rue de Sœpo, traversa le Marché-aux-Herbes et arriva sur la place de Khamon.

« Il appartenait aux prêtres, maintenant; les esclaves venaient d'écarter la foule; il y avait plus d'espace. Mâtho regarda autour de lui et ses yeux rencontrèrent Salambô.

« Dès le premier pas qu'il avait fait, elle s'était levée; puis involontairement, à mesure qu'il se rapprochait, elle s'était avancée peu à peu jusqu'au bord de la terrasse; et bientôt, toutes les choses extérieures s'effaçant, elle n'avait aperçu que Mâtho. Un silence s'était fait dans son âme, —un de ces abîmes ou le monde entier disparaît sous la pression d'une pensée unique, d'un souvenir, d'un regard. Cet homme, qui marchait vers elle, l'attirait.

« Il n'avait plus, sauf les yeux, d'apparence humaine; c'était une longue forme complètement rouge; ses liens rompus pendaient le long de ses cuisses, mais on ne les distinguait pas des tendons de ses poignets tout dénudés; sa bouche restait grande ouverte; de ses orbites sortaient deux flammes qui avaient l'air de monter jusqu'à ses cheveux; — et le misérable marchait toujours!

« Il arriva juste au pied de la terrasse, Salambô était penchée sur la balustrade; ces effroyables prunelles la contemplaient, et la conscience lui surgit de tout ce qu'il avait souffert pour elle. Bien qu'il agonisât, elle le revoyait dans sa tente, à genoux, lui entourant la taille de ses bras, balbutiant des paroles douces; elle avait soif de les sentir encore, de les entendre; elle ne voulait pas qu'il mourut! A ce moment-là, Mâtho eu un grand tressaillement; elle allait crier- Il s'abattit à la renverse et ne bougea plus. »

II.

LE SUPPLICE DU BRAHMINE.

Lorsqu'un Brahmine des bords du Gange a commis quelque faute, il tombe au rang des parias; et sa famille est vouée à l'exécration. Il peut racheter les siens, et s'assurer l'éternité de vie heureuse en se soumettant à cet horrible sup. plice.

Au bout d'un mât semblable à ceux qui, dans nos fêtes publiques, servent aux divertissements populaires, est placé un pivot de fer sur lequel se trouve posée horizontalement, par le milieu, une longue pièce de bois d'où pendent à chaque extrémité quatre cordes de la hauteur du mât.

Sur des côtés, au bout des cordes, sont fixés quatre forts crochets de fer semblables à des hame-
çons. On fait approcher de cette bascule infernale le
brahmine qui veut racheter sa caste ; deux de ces
crochets aigus lui sont fortement enfoncés dans
les chairs de chaque côté des vertèbres dorsales et
les deux autres sont appliqués plus bas à la jonction des lombes. Dans cet état ses parents eux-
mêmes l'élèvent par les cordes de l'autre extrémité jusqu'à la moitié du mât et s'élançant avec
force dans l'arène homicide, ils contemplent en
l'air, avec calme, le malheureux décrivant un
vaste cercle que son sang reproduit sur la terre.
Mais les chairs se déchirent, des lambeaux s'en
détachent ; il tombe mourant aux pieds de ses
bourreaux, demande le pardon de sa faute, et attend la mort sans se plaindre. On accourt cependant, on s'empresse, on l'entoure ; vous croyez
sans doute qu'on va lui prodiguer des secours?
Non, le martyre n'est pas complet : on frotte ses
plaies avec de la boue du fleuve qui seule peut
achever sa purification ; on lui en met dans la
bouche, dans le nez, dans les oreilles, et dans cet
état horrible, vivant encore, le Gange entr'ouvre
ses eaux pour recevoir son dernier soupir !

III.

SUPPLICE DE L'ARBRE.

Pour rétablir la discipline dans les troupes romaines, l'empereur Aurélien ordonna des peines très-sévères contre les soldats qui oseraient l'enfreindre.

A deux grosses branches d'arbre que l'on avait fait fléchir en les attirant vers le sol, on attachait les pieds du soldat coupable; ces branches qu'on abandonnait ensuite à leur impulsion reprenant vivement leur élasticité se partageaient le corps de ce malheureux. On clouait certains criminels à un arbre par les parties naturelles.

Voici une horrible histoire racontée par Saint-Edme :

L'orme qui existait autrefois proche la ville de Meaux et connu sous le nom de l'arbre de Vauru, rappelle dans les annales françaises de cruels souvenirs : Ce nom lui venant de deux gentilshommes qui, pendant les guerres civiles du règne de Charles VI, commandaient dans cette ville pour le parti des Armagnacs.

Le bâtard de Vauru arrêta dans les champs un

jeune villageois qui travaillait à la terre, le lia
à la queue de son cheval, le traîna jusqu'à Meaux
et le mit si fort à la gêne que le jeune homme
pour faire cesser les tourments qu'il endurait,
promit de payer la somme qu'on lui demandait,
et beaucoup au-dessus de ses moyens. Il manda à
sa femme le danger où il était et l'argent qu'il lui
fallait pour le sauver du supplice ou de la mort.

Sa femme jeune, belle, et désespérée du mal-
heur de son époux, accourut vers ses bourreaux,
espérant les toucher par sa jeunesse, ses larmes
et ses prières, ou au moins, obtenir une dimuni-
tion de la somme excessive qui était exigée.
Vauru déclara à la jeune épouse que si elle n'apportait pas, à un jour qu'il lui indiqua, la somme
demandée, son mari serait pendu.

La jeune femme partit et mit tout en œuvre
pour se procurer de l'argent; malgré ses efforts,
elle ne put compter la somme exigée que huit
jours après le terme fixé. Elle accourt, apportant
la rançon et demande en pleurant à revoir son
mari.

Les Vauru prennent l'argent et disent à la
jeune femme qu'elle peut s'en aller : son mari a
été pendu.

La malheureuse insulte les bourreaux. Alors

elle est saisie à son tour, bâtonnée, attachée toute nue à un arbre, auquel pendaient des cadavres.

Elle était enceinte : la douleur provoque l'enfantement, elle est abandonnée; et les loups, attirés par le sang, viennent la nuit les dévorer elle et le nouveau-né.

IV.

ENTERRÉE VIVE.

Il y a, dit Plutarque, auprès de la porte Colline, à Rome, un caveau étroit où on descendait par une petite ouverture, et où l'on mettait un lit, une lampe allumée et une légère provision de tout ce qui était nécessaire pour se nourrir.

Toute vestale qui manquait à son vœu de chasteté, qui même était soupçonnée d'une faiblesse, était enterrée vive.

On mettait la malheureuse vestale condamnée dans une litière bien fermée et couverte de toutes parts, afin qu'on ne pût pas entendre ses cris. Quand la litière était arrivée au lieu du supplice les licteurs enlevaient les voiles qui l'enveloppaient et l'ouvraient. Le pontife après avoir fait

certaines prières à voix basse et levé ses mains
au ciel, faisait sortir la vestale toute voilée; il la
plaçait sur l'échelle par laquelle on descendait
dans le caveau; puis il se retirait avec les autres
prêtres. On enlevait l'échelle et le caveau était
refermé.

V.

ARGENT FONDU.

A Siam, on fait avaler aux voleurs trois ou quatre onces d'argent fondu.

A ce sujet, une curieuse anecdote :

Un officier des magasins du roi de Siam lui
ayant volé quelque argent, ce prince ordonna que
pour supplice on lui fît avaler quatre onces d'argent fondu. Il arriva que celui qui eut ordre de
les ôter de la gorge du coupable ne put se défen-
dre d'en dérober une partie. Le roi fit traiter ce
second voleur comme le premier. Un troisième,
chargé de retirer l'argent de la gorge du second,
en déroba encore une partie. Le roi de Siam re-
nonça à le faire punir, disant : « Si je ne m'arrê-
« tais, je ferais ainsi mourir tous mes sujets! »

VI.

CORPS COUPÉ EN DEUX.

C'est un supplice attribué par quelques conteurs aux Siamois, mais qui paraît physiologiquement invraisemblable.

On serre le corps du criminel très-fortement; on le pique avec des instruments très-pointus, non pour lui tirer du sang, mais pour l'obliger à retenir son haleine. On saisit ensuite le moment favorable; on le coupe brusquement en deux et on met la partie supérieure du corps sur une plaque ardente de cuivre, ce qui arrête le sang et prolonge la vie du patient dans des tourments inexprimables.

VII.

LA CHAISE DE FER.

En 1197, l'empereur Henri VI, après qu'il eût déclaré que Naples et la Sicile étaient incorporés à l'empire, se rendit à Naples pour empêcher la conjuration de se former; elle éclata cependant, et un comte Jourdan, de la maison des princes Normands, se mit à la tête des peuples. Il fut livré à Henri VI.

On l'attacha sur une chaise de fer rougi, et on le couronna d'un cercle de fer brûlant qu'on lui attacha avec des clous.

VIII.

SUPPLICE DES AUGES.

On creusait deux auges de la grandeur de l'homme, depuis le cou jusqu'à la cheville des pieds, de manière qu'elles joignaient fort bien et s'emboîtaient ensemble. On couchait le criminel sur le dos dans l'une de ces auges; ensuite on mettait l'autre auge par-dessus, en sorte que tout le corps était bien couvert et bien enfermé, et qu'il ne sortait que la tête par un bout, et les pieds par l'autre. En cet état, on lui donnait à manger, et, s'il refusait d'en prendre, on l'y forçait en lui enfonçant des aiguilles dans les yeux. Quand il avait mangé, on lui faisait boire du miel délayé dans du lait, qu'on lui entonnait dans la bouche. On lui en versait aussi partout sur le visage, et on le tournait toujours au soleil, afin qu'il l'eût incessamment dans les yeux, de sorte que son visage était toujours couvert de mouches que ce lait et ce miel y attiraient. Il s'engendrait en outre de la corruption et de la pourriture de ses excréments, quantité de vers qui lui rongeaient les chairs. Quand on croyait qu'il était mort, on ôtait l'auge de dessus : on trouvait toute sa chair mangée par ces vers, et l'on découvrait partout sur ses entrailles, des essaims de cette vermine, qui y étaient attachés et qui les rongeaient encore.

Ce supplice était usité en Orient.

IX.

LE SUPPLICE DU CANON.

On a parlé, lors de la révolution dans l'Inde, du supplice que les Anglais infligeaient aux rebelles. Ils étaient attachés à la gueule d'un canon, et le boulet dispersait les membres du malheureux condamné. En Perse, le même supplice est en usage, et nous empruntons à un récit de voyage une description détaillée de cette horrible exécution :

« Pendant mon séjour à Téhéran, je fus témoin

d'un spectacle horrible. Une femme du harem avait été condamnée à mort.

« Une curiosité bien excusable chez un voyageur triompha de mes sentiments d'humanité et me porta à assister au supplice de cette malheureuse. La foule des spectateurs était si grande, que j'eus beaucoup de difficulté à me procurer une place d'où je pus bien voir.

« Devant le harem, sur un tertre élevé à cet effet, on avait établi un gros mortier en bronze, auprès duquel était un boute-feu avec la mèche allumée. Bientôt je vis les officiers de justice percer la foule en se faisant place à grands coups de bâton.

« Derrière eux s'avançait la victime entourée de gardes; elle était enveloppée de la tête aux pieds d'une pièce d'étoffe noire qui lui cachait le visage; elle marchait d'un pas ferme, et son port était majestueux. De temps à autre elle adressait quelques mots à un eunuque qui l'accompagnait; mais le bruit que faisait le peuple m'empêcha d'entendre ce qu'elle disait. A mesure qu'elle approchait le bruit diminua, et quand elle fut arrivée près de la fatale machine, il cessa tout à fait.

« Profitant du silence, elle se mit à haranguer le peuple avec un calme qui surprit tout le monde, et d'une voix si nettement articulée, qu'on ne perdait pas une seule de ses paroles.

« Les officiers de justice voyant que son discours faisait impression sur la multitude, l'interrompirent. Elle ne chercha pas à continuer, et elle se remit entre leurs mains. Ils la conduisirent devant le mortier.

« Arrivée là, elle demeura ferme et calme, n'adressa à ses bourreaux aucune supplication et ne verse pas même une larme. On lui dit de s'agenouiller et de placer sa poitrine contre la bouche du mortier, et elle le fit sans hésiter. On lui étendit les bras, et on lia ses poignets à deux poteaux qui avaient été plantés à droite et à gauche du mortier, et elle ne donna aucun signe d'émotion.

« Elle posa la tête sur le mortier et demeura quelques instants dans cette position, attendant son sort avec un héroïsme digne du guerrier le plus intrépide.

« Enfin le signal fut donné, et le boute-feu, élevé en l'air, descendit lentement vers la lumière du mortier.

« Au moment où la mèche embrâsée allait toucher la poudre, un frémissement général éclata dans l'assemblée. L'amorce s'enflamma mais ne communiqua pas le feu à la charge, et la victime leva la tête pour voir ce qui était arrivé.

« Une lueur d'espérance entra dans mon âme; je pensai que les choses n'iraient pas plus loin, et qu'on avait résolu d'épargner cette malheureuse. Je ne fus pas longtemps dans cette douce erreur.

« On renouvela l'amorce, et le boute-feu fut levé encore. La victime avait replacé sa tête sur le mortier, et cette fois en poussant un gémissement sourd. Au même instant l'explosion eut lieu, et la fumée déroba tout à mes regards.

« Quand elle se dissipa, on aperçut les deux bras noirs et grillés qui pendaient aux poteaux où on les avait attachés; à quelque distance en avant du mortier, gîsaient épars un pied, une jambe et quelques lambeaux du voile noir qui avait couvert la victime; tout le reste avait disparu.

« Au bruit de l'explosion, deux femmes s'élancèrent du portail du harem, vinrent détacher les bras, les cachèrent sous leurs voiles et rentrèrent précipitamment au harem avec ces épouvantables preuves que la justice avait eu son cours.

*
*   *

Dans une peuplade indienne, on punit les débauchés par un supplice effrayant, qui consiste à leur enfoncer *in urethro* un petit bâton hérissé d'épines. On l'y tourne longtemps et à plusieurs reprises.

* * *

Les Anglais condamnaient autrefois les empoisonneurs à être bouillis.

En 1347, deux faux monnayeurs furent bouillis à Paris, au marché aux pourceaux.

On bouillait les criminels dans de l'eau ou de l'huile.

* * *

En Chine, la femme adultère est écrasée sous les pieds des éléphants.

Les Égyptiens coupaient le nez des femmes adultères.

En Mingrélie, quand un homme surprend sa femme en adultère, il a le droit de contraindre le galant à payer un cochon : d'ordinaire, il ne prend pas d'autre vengeance, et tous trois mangent ensemble le cochon.

Les Mogols fendent une femme infidèle en deux.

6

X.

LES CRAMPONS DE FER.

Au commencement du dix-huitième siècle, Mouley Ismaïl, roi de Maroc, habitait Miquenez, sa capitale. La cruauté de ce prince rendant plus pesants encore les fers des esclaves chrétiens, un grand nombre tentaient de s'évader.

Ismaïl inventa un supplice digne de lui : il avait fait élever au milieu de la place publique de Miquenez des poutres de dix-huit à vingt pieds de hauteur, armées de gros crampons de fer, auxquels il faisait accrocher ces malheureux qui mouraient ainsi dans d'horribles tortures.

XI.

LE PAL.

En Turquie, on empale les assassins. Ce supplice s'exécute en faisant entrer une broche de bois par le fondement. Pour empaler un misérable, on le couche ventre à terre, les mains liées sur le dos ; on lui endosse le bât d'un âne sur le-

quel s'assied un valet du bourreau afin de l'empêcher de bouger; un autre lui applique le visage
contre terre en lui mettant les mains autour du
cou; un troisième enfonce le pal, enduit de
graisse. Ce pieu est taillé en pointe, mais un peu
arrondi par le bout. Le bourreau le pousse tant
qu'il peut par les mains, puis avec un maillet,
de manière à enfoncer les entrailles. Alors le pal
est relevé droit; le poids du corps fait entrer de
plus en plus profondément l'horrible instrument,
qui ressort par l'aisselle ou la poitrine.

XII.

PILÉ DANS UN MORTIER.

Ce supplice, qui n'a pas besoin d'explication,
a été appliqué au philosophe Anaxarque par le
tyran Nicocréon.

XIII.

LA BROCHE.

Dans le royaume de Juda, on punit l'adultère
en attachant l'amant à une broche de fer; on le

fait rôtir, tandis que sa complice, présente à cette exécution, est inondée d'eau bouillante.

En Russie, avant l'abolition de la question, le prévenu d'un crime était attaché à une broche; on le présentait ainsi à un grand feu et, tandis que son dos brûlait, on l'interrogeait.

XIV.

LE CORPS ALLUMÉ.

Sifi II, schah de Perse, avait, au commencement de son règne, ordonné, par un singulier caprice, qu'une de ses favorites, qu'il avait beaucoup aimée jusqu'alors, fût mariée sur-le-champ à quelque misérable du peuple. Elle épousa ainsi le fils du blanchisseur de la cour et ils vivaient fort heureux, lorsque le jeune homme eut la malheureuse inspiration, à la mort de son père, de demander la survivance de sa charge.

Le schah le fit venir et lui dit : Lorsque tu épousas cette belle fille par mon ordre, quelle fête fis-tu en réjouissance?

— Puissant prince, répondit-il, je suis un pauvre homme, je n'eus pas le moyen de faire une illumination.

— Bien, reprit le schah, qu'on fasse illumination sur son corps.

On étendit ce malheureux sur une planche, couché sur le dos et on l'y attacha; on lui fit dans les chairs des trous sans nombre à mettre le petit doigt avec une pointe de poignard; on les remplit d'huile, on plaça au milieu une petite mèche, on les alluma toutes à la fois, et le misérable expira au milieu des plus horribles tortures.

XV.

LA STATUE.

Parmi les imaginations infernales des inquisiteurs, il existait une statue. C'était une statue de la Vierge, dont les bras à ressorts et armés de longues pointes de fer étreignaient avec une force incroyable le patient que l'on plaçait sur sa poitrine.

XVI.

LE BUCHER.

On commençait par planter un poteau de sept à

6.

huit pouces de haut, autour duquel, laissant la place d'un homme, on construisait un bûcher en carré, composé alternativement de fagots, de bûches et de paille; on plaçait aussi autour du bas du poteau un rang de fagots et un second de bûches. On laissait à ce bûcher un intervalle pour arriver au poteau; le bûcher était élevé jusqu'à peu près la hauteur de la tête du patient.

Le criminel était déshabillé, et on lui mettait une chemise soufrée; on le faisait entrer et monter sur les rangs de fagots et de bois qui étaient au bas du poteau. Là, tournant le dos audit poteau, on lui attachait le cou et les pieds avec une corde, et le milieu du corps avec une chaîne de fer; ces trois liens entouraient l'homme et le poteau. Ensuite on finissait la construction du bûcher, en bouchant avec du bois, des fagots ou de la paille l'endroit par lequel il était entré, de façon qu'on ne le voyait plus; alors, on mettait le feu de toutes parts.

Il y avait un moyen pour que le patient ne sentît pas la douleur du feu et qui s'exécutait ordinairement sans qu'on s'en aperçût : comme les exécuteurs se servaient, pour construire le bûcher, de crocs de batelier, dont le fer a deux pointes, une droite et l'autre crochue, on ajustait un de ces crocs dans le bûcher, de façon que la pointe se trouvât vis-à-vis du cœur; et, aussitôt que le feu était mis, on poussait fort le manche de ce croc, la pointe perçait le cœur du criminel, qui mourait sur-le-champ.

XVII.

Chez les Indiens, ce supplice était plus atroce encore : quand le prisonnier est condamné à mort, dit un jésuite, ils plantent aussitôt en terre un gros pieu auquel ils l'attachent par les deux mains. On lui fait chanter la chanson de mort, et tous les sauvages s'étant assis à quelques pas du poteau, on allume un grand feu où l'on fait rougir des haches, des piques, des couteaux ; puis, ils viennent les uns après les autres et appliquent ces fers rougis sur le corps du patient. D'autres le brûlent avec des tisons ardents; d'autres lui déchirent le corps à coups de couteau; d'autres encore remplissent ses plaies de poudre et y mettent le feu.

Ce supplice dure plusieurs heures, quelquefois plusieurs jours.

XVIII.

SUPPLICE DES CENDRES.

Ce supplice était usité en Perse; on ne s'en servait que pour les grands criminels. On remplissait de cendres une tour, on y précipitait le criminel la tête la première, et ensuite avec une roue on agitait la cendre autour de lui jusqu'à ce qu'elle l'étouffât.

XIX.

LE SUPPLICE DE LA ROUE.

Le supplice de la roue fut importé d'Allemagne en France sous le règne de François Ier. Ce supplice, dit M. Cheruel, consistait à placer le condamné, les jambes écartées et les bras étendus, sur deux morceaux de bois disposés en croix de saint André et taillés de façon que chaque membre portât sur un espace vide. Le bourreau lui brisait, à coups de barre de fer, les bras, les avant-bras, les cuisses, les jambes et la poitrine; puis on l'attachait sur une petite roue de carrosse suspendue en l'air par un poteau. On ramenait les jambes et les bras brisés derrière le dos et on tournait la face du supplicié vers le ciel afin qu'il expirât dans cet état. Quelquefois, les condamnés d'un tempérament robuste résistaient aux coups du bourreau, et l'on en vit rester jusqu'à vingt-deux heures vivants sur la roue. On relayait des prêtres autour d'eux, et le rapporteur du procès était obligé de rester à l'Hôtel-de-Ville tant que le condamné respirait encore. Quelquefois, quand la vie se prolongeait trop chez le patient, le bourreau envoyait demander la permission de le faire étrangler aux juges de la Tournelle qui ne l'accordaient pas toujours.

XX.

L'ÉCARTÈLEMENT.

Au milieu de la Grève était une barrière entourant un espace au milieu duquel se déployait une petite table basse fortement scellée en terre par six gros pieux. C'est là que Damiens fut conduit escorté de dix bourreaux et de deux confesseurs. Il aida lui-même à se déshabiller, ne témoignant ni crainte ni étonnement, mais seulement envie d'en finir. On l'étendit sur cette petite table où des cercles de fer fixaient son corps : deux en travers, un en fourche laissant le cou libre, et un entre les cuisses, le tout se joignant au milieu et se serrant par de gros écrous sous la table, de sorte que le tronc est absolument fixé. On lui attacha la main droite à une menote et on la lui brûla au feu de soufre. Le patient poussait des hurlements horribles.

On lui lia ensuite fortement les bras et les cuisses d'abord en haut, et de là en tournoyant jusqu'au poignet et au pied, et on attacha ces cordes aux harnais de quatre chevaux placés aux quatre coins de la table. Le signal fut donné, les quatre chevaux tirèrent par secousses qui n'emportèrent rien. Les cris de Damiens redoublaient et s'entendaient au loin, malgré le bruit et les rumeurs d'une foule innombrable. Pendant une heure, le patient fut ainsi tiré, on ajouta même deux chevaux aux quatre autres.

Les six chevaux partent à la fois ; les membres résistent. Le bourreau ne sachant que faire, envoie demander des ordres aux magistrats qui siégent à l'Hôtel-de-Ville et qui se nommaient MM. Pasquier et Severt ; on lui répond qu'il faut que le coupable soit écartelé. Les hurlements de

Damiens recommencent avec les secousses, les chevaux fatigués se rebutent. Alors seulement les juges permettent qu'on le dépèce ; car il n'est pas permis d'employer une autre expression. Le bourreau lui taillade les cuisses pendant que les chevaux tirent. Chose incroyable et pourtant attestée par des témoins dignes de foi, pendant que le bourreau opérait, Damiens eut la force de lever plusieurs fois la tête pour voir ce qu'on lui faisait.

« Enfin, ajoute l'auteur de ce récit, que nous
« abrégeons, après une heure et demie passée de
« ces souffrances sans exemple, la cuisse gauche
« partit la première, à quoi le peuple battit des
« mains. Jusque-là, Damiens n'avait paru que
« curieux et indifférent. Ensuite, à force de tail-
« lades, l'autre cuisse partit. Les cris reprirent
« avec une nouvelle force. Après, on taillada une
« épaule, qui partit ; ses cris continuèrent, mais
« moins vifs et la tête ne cessa pas d'aller. Enfin,
« on taillada la quatrième partie, c'est-à-dire
« l'autre épaule, et ce n'est que là que la tête
« tomba quand elle fut emportée, ne restant que
« le tronc. »

XXI.

LES AIGUILLES.

Le supplice des aiguilles consistait à enfoncer des aiguilles sous les ongles du patient.

LES CROCS DE FER.

Le roi de Maroc se donnait souvent le plaisir de faire prendre un captif par quatre noirs des plus forts qui, le jetant en l'air, le laissaient retomber sur le sol la tête en avant : on recommençait jusqu'à ce que le misérable mourût.

XXII.

LA PENDAISON PAR LES AISSELLES.

Le patient était monté à une échelle posée contre une potence. On lui passait une sangle sous chaque aisselle, les deux bouts de cette sangle étant attachés au bras de la potence ; deux cordes traversaient deux trous faits aux extrémités d'une aplchen mise à plat sous les pieds du condamné, et ces cordes tenaient également au bras de la potence. L'exécuteur relevait alors la planche, et le malheureux mourait dans cette atroce position.

XXIII.

LA POTENCE ET LE PILORI.

Le *Nord* donne de longs détails sur la mort de Dimitri Karakozof, ce jeune homme de vingt-cinq ans qui a tiré sur le czar le coup de pistolet détourné par Komissaroff. Le récit de cette exécution ne m'a point paru dépourvu d'une certaine grandeur.

..... Au milieu de la place de Smolensk s'élevait une potence, et non loin de là un pilori avec une plate-forme à hauteur d'homme.

Quelques minutes avant sept heures, la charrette dans laquelle se trouvait le condamné, sur une banquette élevée, de manière à ce qu'il pût être vu de tout le monde, arriva, escortée d'un piquet de cavalerie. Le condamné était vêtu de noir. Il tournait le dos aux chevaux; sur sa poitrine il avait un écriteau blanc où on lisait : *Karakozof, régicide.* Il avait les bras liés derrière le dos, et était d'une pâleur livide. En descendant

7

de la charrette, Karakozof chancela et fut soutenu par les aides du bourreau. Après avoir fait quelques pas, il se raffermit, toutefois, et marcha assez résolument vers le pilori.

Un secrétaire du Sénat, en grand uniforme, s'approcha du condamné et donna lecture à haute et intelligible voix de la sentence de mort. Karakozof l'écouta attentivement; on vit sa tête penchée d'abord à gauche, dans l'attitude de l'audition, retomber à droite comme s'il avait peine à la soutenir. Lorsque la lecture de la sentence fut terminée, le prêtre s'approcha du condamné avec le crucifix en main. Karakozof baisa très-dévotement la croix, se prosterna et reçut la bénédiction du prêtre, puis il salua le peuple en se tournant dans les quatre directions.

On entendit alors plusieurs voix émues proférer les mots : « Que Dieu te pardonne. » Les deux bourreaux bandèrent les yeux du condamné et le couvrirent d'un suaire, qu'ils eurent un peu de peine à mettre. On le conduisit du pilori à la potence. La corde fut passée au cou, sur un signe du grand-maître de police, Karakozof fut lancé dans l'éternité.

La mort fut instantanée; il ne remua que deux ou trois fois, et l'on vit aussitôt le cadavre se raidir. A sept heures et demie on le descendit du gibet et on le plaça dans un cercueil noir.

XXIV.

LE GARROT.

Ce supplice est actuellement en usage en Espagne pour les exécutions publiques.

Le patient est assis sur un échafaud, le derrière de la tête appuyé sur un poteau, un collier de fer lui tient le cou. Le bourreau se tenant derrière le poteau, tourne vivement un tourniquet qui serre le collier, et le patient est étranglé.

* * *

Dès que l'exécuteur des hautes œuvres a rempli son triste mandat, il est entouré par les gendarmes, qui lui posent les menottes et le conduisent dans un des cachots de la prison. Quelques heures après, se présente un greffier ou *escribano*, accompagné de l'alguazil.

Le bourreau est appelé à comparaître, et aussitôt s'entame le dialogue suivant :

— Vous êtes accusé d'avoir tué un homme, dit l'*escribano*.

— Oui, c'est la vérité, répond le bourreau.

— Pourquoi avez-vous accompli ce meurtre?

— Pour obéir à la loi et remplir le mandat que m'a confié la justice.

Procès-verbal est dressé séance tenante, signé par le bourreau, et le lendemain soumis à l'examen du juge. Celui-ci prononce alors une sentence d'acquittement en faveur du bourreau, qui est mis en liberté après avoir été traité, durant vingt-quatre heures, comme un criminel. C'est un agrément de plus à ajouter à tous ceux du joli métier d'exécuteur des hautes-œuvres.

XXV.

LA LOI DE LYNCH.

On écrivait de New-York, le 30 novembre dernier, au *Droit* :

Samedi, 24 novembre, à onze heures quarante-cinq minutes du soir, un certain nombre d'hommes, armés de fusils et de pistolets, entourèrent la prison du comté, laquelle est située juste au centre de la ville de Lebanon (Kentucky), en en-

foncèrent la porte extérieure, et sommèrent le geôlier de leur délivrer la clef du donjon qui fait
partie de la prison, mais qui en est séparé par
une porte en fer d'une merveilleuse solidité.

Dans le même temps, le reste de cette bande
de sectateurs du juge Lynch, laquelle se composait en tout d'environ cent cinquante individus
et obéissait docilement au chef qu'elle s'était
donné, parcourait la ville silencieusement, pla-
çant des piquets dans les rues principales et ar-
rêtant les habitants attardés qu'ils y rencon-
traient.

La porte extérieure de la prison une fois enfon-
cée, le geôlier courut se cacher au grenier. On se
mit alors en mesure de forcer la porte de fer du
donjon à l'aide de marteaux de forge. Tous les
efforts restant infructueux, on se mit de nouveau
à la recherche du geôlier, et on finit par le décou-
vrir dans sa cachette. Menacé de mort, il dut livrer la clef du donjon, mais on ne l'en garda pas
moins prisonnier.

Après avoir parlementé pendant quelque minutes, cinq hommes pénétrèrent dans le donjon
sans rencontrer de résistance ; ils se formèrent en
ligne, demandèrent Clément Crowdus, William
Goode et Thomas Stephens. Jugeant toute résis-

tance inutiles, ces victimes désignées se livrèrent à leurs bourreaux. A ce moment, le chef de la bande de lyncheurs dit au premier :

— Crowdus, il y a longtemps que je vous cherche.

A quoi celui-ci répondit :

— Je le sais bien, monsieur...

Le nom du chef fut prononcé; mais aucun de ceux qui l'ont entendu n'ont jugé prudent de le faire connaître.

Les trois prisonniers furent extraits du donjon dont on eut bien soin de refermer solidement la porte, afin, sans doute, de laisser quelque chose à faire à la justice régulière; puis on rendit au geôlier ses clefs et sa liberté; et capteurs et captifs se dirigèrent sur un point convenu d'avance, où ils furent bientôt rejoints par le reste de la bande; leurs chevaux les y attendaient. En quittant la ville, ces francs-juges du Kentucky poussèrent tous ensemble un formidable cri de triomphe qui réveilla les habitants des autres quartiers de la ville, et qui dut jeter la terreur dans l'âme des misérables qu'ils emmenaient. Ils se dirigèrent vers une colline appelée Grime's Hill.

Ce qui se passa à Grime's Hill avant la pendaison, nul ne le sait, à l'exception des acteurs de cette tragédie. Les accusés subirent-ils un simulacre de jugement, furent-ils pendus sans autre forme de procès ! On l'ignore également, l'affaire s'étant passée tout à fait en famille.

Quoi qu'il en soit, il est certain que rien n'a pu désarmer ces bourreaux, puisque, après qu'ils eurent disparu, trois cadavres furent trouvés suspendus à une même branche d'un même arbre — un énorme chêne noir.

Il résulte de l'examen des lieux et des choses, que cette forte et solide branche est à douze pieds du sol ; que les trois hommes y ont été attachés successivement, en commençant par Crowdus ; qui était monté sur un cheval, et que, lorsque le nœud coulant eut été fixé à la branche, on retira le cheval. Ses mains étaient liées derrière son dos, et l'on voit que la corde a dû glisser ; car ses talons touchent presque une racine de l'arbre. On a même la preuve que le malheureux a cherché à se maintenir sur ce point d'appui qui, inclinant de haut en bas, ne laissait pas de prise à ses pieds. William Good paraît avoir été le second patient. Pour lui la corde a également glissé, car ses pieds ont dû toucher la terre, et ce n'est qu'en les attachant à ses mains que la pendaison a pu s'achever.

Thomas Stephens a été la dernière victime et celle qui a dû le plus souffrir, puisqu'on voit par les trois cordes qu'on a trouvées autour de son cou, que les deux premières se sont rompues.

Après la mort de ces hommes, on leur avait remis leurs chapeaux sur la tête, de façon que de loin, on aurait cru qu'ils cherchaient à se cacher derrière ce gros chêne. Un nègre en fut tellement persuadé, qu'il leur adressa la parole, et que, ne recevant pas de réponse, il s'épouvanta et s'enfuit à Lebanon, où il raconta son aventure. Ce fut ainsi que l'on connut le dénoûment de cette hideuse tragédie.

XXVI.

LA FUSILLADE EN FRANCE.

Le 29 décembre 1866, les nommés Jean-Antoine Ciosi, voltigeur au 2e régiment de la garde impériale, et Jean-Baptiste Agostini, voltigeur au 3e régiment de ladite garde, furent condamnés à la peine de mort pour crime d'assassinat commis à Champerret.

Les condamnés furent extraits le 20 janvier 1867, à six heures du matin, de la Maison de justice militaire, et conduits dans une voiture cellulaire du train des équipages militaires escortée par cinquante gendarmes à cheval, jusqu'à la butte du Polygone.

Sur ce point, et conformément aux usages militaires en pareils cas, se trouvaient réunis :

Le 2ᵉ et le 3ᵉ régiment de voltigeurs auxquels appartenaient les deux condamnés.

Ces régiments tenaient la droite de toutes les troupes.

Les autres troupes appartenant à l'armée de Paris, se composaient d'une compagnie par bataillon de tous les régiments d'infanterie, garde impériale et ligne: d'un escadron par régiment de cavalerie ; de cent hommes par régiment d'artillerie et de toute la garnison de Vincennes.

Toutes les troupes, en grande tenue, étaient rangées en bataille , en face du Polygone, à dix mètres duquel se tenaient les deux pelotons d'exécution , composés de quatre sergents , quatre caporaux, quatre soldats des 2ᵉ et 3ᵉ de voltigeurs.

Deux adjudants chargés de donner le signal du feu les commandaient.

Ces pelotons d'exécution avaient chargé leurs armes sous les yeux des adjudants dans la cour intérieure du fort, et on leur avait donné lecture

7.

d'un ordre du général portant : « Qu'il s'agissait pour eux d'un devoir militaire et d'un devoir d'humanité ; qu'ils devaient accomplir sans hésitation et sans faiblesse la grave et sévère mission de la justice confiée à leur énergie. »

Le sinistre cortége allait au petit trot, et les troupes qui l'avaient précédé avaient, sur leur parcours, attiré l'attention de la population parisienne, qui s'était portée en masse à Vincennes.

Mais des soldats, placés de distance en distance le long de la lisière du bois, empêchaient les curieux d'approcher.

Pendant le trajet, Ciosi ne cessait de fumer, et, regardant par la lucarne de la voiture, il disait à l'abbé Baron : « Nous approchons. »

Agostini était triste et répondait à peine aux paroles de consolation que prononçait l'abbé Forestier.

M. le général Soumain, suivi de son état-major, est arrivé à huit heures dans la vaste plaine du Polygone.

Les troupes se sont déployées et ont formé les trois côtés d'un grand carré fermé dans sa quatrième partie par le Polygone.

La voiture cellulaire est arrivée à huit heures.

Aussitôt un roulement de tambour s'est fait entendre sur toute la ligne.

Les condamnés, soutenus par les gendarmes, et assistés par les aumôniers Forestier et Baron, sont descendus et se sont placés debout en face des pelotons d'exécution.

Le greffier du conseil de guerre a lu à haute voix le jugement de condamnation qu'il a terminé en disant :

« Ce jugement est exécutoire; que justice soit faite »

Usant du droit que lui confère l'article 90 du Code de justice militaire, le général avait ordonné qu'il ne serait pas procédé à la dégradation.

Les aumôniers et les gendarmes ont voulu bander les yeux des patients. Agostini s'est laissé faire; Ciosi a refusé le bandeau.

Puis ils se sont agenouillés auprès de deux poteaux.

Agostini s'est évanoui ; des soldats ont été obligés de le lier au poteau.

Ciosi regardait froidement.

— Pauvre Agostini! disait-il.

Enfin les deux adjudants ont fait avec leur épée deux signes silencieux qui signifiaient :

Apprêtez armes!

Joue !

Feu ! s'est fait entendre.

Ciosi est tombé sur la face.

Agostini s'est affaissé lié au poteau.

Près de leurs cadavres se sont aussitôt approchés deux chirurgiens, puis deux caporaux chargés de donner le coup de grâce.

Mais les chirurgiens ont reconnu que la mort ayant été foudroyante pour Ciosi, il était inutile de lui donner ce coup, qui se tire ordinairement dans l'oreille. Agostini seul l'a reçu, son corps remuant encore au moment où les médecins l'ont visité.

Devant les corps sanglants des suppliciés ont défilé, au son de leur musique, toutes les troupes présentes : dix mille hommes environ.

Ciosi et Agostini ont été inhumés au cimetière de Vincennes.

XXVII.

FUSILLADE EN ESPAGNE.

On écrivait de Madrid le 4 février 1866 :

Hier a été passé par les armes le capitaine Pedro Espinosa, commandant les chasseurs de

Figueras, pour avoir pris part au dernier soulève-
ment militaire.

C'était un vrai type de vieux soldat. Calme et
souriant, il est allé au-devant de la mort, comme
s'il s'agissait de se rendre à la parade.

Le chapelain du régiment l'accompagnait, et
de temps en temps il cessait d'écouter ses paroles de consolation pour saluer des amis dans la
foule.

Une compagnie d'ingénieurs marchait en tête
du funèbre cortége, que fermait un escadron de
cavalerie.

Le temps était splendide. Partout, sous les
rayons du soleil, la vie et l'animation! On enten-
dait les marchands crier : *la fresca! la fresca!
cirillas, cirillas!* — Des verres d'eau fraîche et du
feu pour les cigarettes.

Les chansons de la multitude et le carillon des
clochettes des mules imprégnaient pour ainsi
dire l'air de joyeuses mélodies.

— Quel beau jour pour mourir! dit le capitaine
Espinosa à son confesseur.

On était arrivé sur le lieu de l'exécution.

Après avoir entendu la lecture de sa sentence,
le condamné s'avança au pied du mur où il de
vait se tenir pour recevoir la fatale décharge.

— Amis, s'écria-t-il d'une voix sonore, pardonnez-moi toute la peine que je vous donne, et surtout pas de faiblesse! Il me reste une grâce à vous demander, celle de viser droit au cœur!

La prière de l'infortuné Pedro fut exécutée. Deux secondes après, il tombait foudroyé; sur douze balles, huit avaient porté en pleine poitrine.

Les troupes qui avaient formé le carré défilèrent devant le cadavre, que les membres de la confrérie de la Paix et de la charité enlevèrent ensuite pour le porter au cimetière général.

XVIII.

Nous empruntons à *l'Événement* un très-curieux récit de M. Darcourt :

La dernière tentative du général Prim et ses suites ont donné lieu en Espagne à des représailles, et sur quelques points du territoire où l'état de siége avait été proclamé, l'affaire s'est terminée par des exécutions militaires. Sur la liste des insurgés fusillés dans une petite ville de l'Ouest, j'ai vu un nom qui m'a fait tressaillir. Le pauvre diable qui le portait, et que j'ai connu il y a longtemps, ne devait pas avoir grand'chose à regretter en quittant ce monde.

C'était un de ces êtres inquiets, fantasques, qu on ne trouve jamais enrégimentés que sous la bannière du hasard ; il avait passé sa vie à conspirer contre le gouvernement d'Isabelle, comme il l'eût fait sans nul doute contre tout autre, et il ne pouvait guère finir autrement qu'avec douze balles dans la poitrine.

Ce malheureux avait autrefois raconté devant moi la mort de son père; c'était un drame lugubre qui avait impressionné mon enfance, et dont les circonstances émouvantes viennent en un instant de se représenter à mon souvenir.

Voici cette histoire,

Benito G..., après avoir servi comme officier pendant quelques années, avait quitté la carrière militaire et s'était marié. Il vivait heureux entre sa femme et son enfant, lorsque des circonstances imprévues vinrent détruire sa modeste position : il perdit tout ce qu'il avait, et fut obligé de reprendre du service.

Benito, jeune encore, quitta sa famille et rentra avec son grade dans un régiment des gardes de la reine.

On était en 1836, au moment où l'Espagne, en

proie à une guerre civile acharnée, se demandait
chaque soir si le trône serait encore debout le
lendemain matin. Le régiment de Benito occu-
pait la ville de Soria, et tenait la campagne aux
alentours, où se montraient depuis quelque temps
des bandes carlistes menaçantes.

Benito G... était un bon officier, mais d'un caractère aigre et taciturne. Il suivait la campagne
avec impatience. Son cœur n'était pas là.

Un jour, il reçut une lettre cachetée de noir.
On lui annonçait la mort de sa femme. Benito
fut atterré. Quoiqu'il lui fallut traverser l'Espagne
entière pour aller embrasser son fils, ce qui était
alors une entreprise difficile, il sollicita un congé.
Il ne l'obtint pas; on se trouvait au plus fort de
la guerre, et les officiers étaient rares.

Benito ne murmura point, mais on put remar-
quer qu'il devenait de plus en plus sombre.

Un matin, son ordonnance ne le voyant pas
paraître à l'heure accoutumée, força la porte de
sa chambre... elle était vide; Benito et trois officiers de son régiment avaient déserté pendant la
nuit.

Ces désertions collectives étaient alors fréquentes en Espagne. Dans une guerre civile de cette
sorte, le soldat ne sait pas toujours au juste de

quel côté est le drapeau. Avant la fin de la journée, les quatre déserteurs, perdus dans la montagne, étaient repris par les avant-postes et ramenés à Soria. Le soir même, le conseil de guerre
s'assembla et les condamna à mort. L'exécution
fut fixée au lendemain matin, et les condamnés
furent immédiatement mis en chapelle. Mais, dans
la même séance, le conseil, craignant la surexcitation que ne pouvait manquer de causer cette
quadruple exécution dans la ville de Soria, maintenue déjà difficilement sous l'autorité de la reine,
décida qu'un seul des officiers serait fusillé. Les
autres furent destinés à un exil de cinq ans sur
la côte d'Afrique.

Les condamnés avaient été enfermés dans la
chapelle d'un couvent attenant à la prison. Un
prêtre était avec eux. Ils occupaient en méditations
silencieuses les dernières heures de leur existence,
ou dormaient, peut-être, lorsque, vers minuit, un
bruit se fit entendre à la porte de la chapelle.
Cette porte s'ouvrit, et un adjudant entra suivi de
deux sergents.

L'adjudant signifia aux condamnés la nouvelle
décision du conseil, et leur annonça que, selon ses
prescriptions, la voie du sort allait désigner lequel d'entre eux subirait la peine de mort.

A ce moment, on vit un spectacle singulier.
Ces hommes, qui avaient fait le sacrifice de leur
vie et tout à l'heure seraient partis hauts et fermes
pour la mort, se prirent à trembler, à pâlir. Leurs
mains s'étreignaient, mais dans leurs yeux on
pouvait lire l'anxiété, la terreur, et plus que cela,
peut-être, un vague sentiment de haine naissante
les uns contre les autres... Ces trois quarts d'exis-
tance qu'on leur rendait leur étaient plus difficile à supporter que la mort.

Seul Benito demeura silencieux, ne prêtant
qu'une attention détournée à ce qui se passait
autour de lui.

L'adjudant avait apporté trois dés et un cornet.
Il désigna l'ordre dans lequel les condamnés seraient appelés, et la funèbre partie commença
aussitôt.

Le premier officier désigné fut placé au milieu
de la chapelle, et les sergents lui bandèrent les
yeux. On lui donna les dés et le cornet. Il se pen-
cha en avant, agita les dés et les lança; ils rou-
lèrent sur la dalle...

Douze ! dit l'adjudant au milieu d'un silence
de mort.

Et le pauvre condamné ne put retenir une

exclamation de joie, car son point était avantageux.

Le second joueur prit les dés à son tour.

Neuf! compta l'adjudant. Ce point intermédiaire ne préjugeait rien encore.

Le troisième officier s'avança en tremblant ; il était sans force contre les funestes pressentiments qui l'agitaient. Il joua :

Cinq! dit l'adjudant en baissant tristement la voix.

A ce mot, Benito, qui était resté immobile pendant tout le temps qu'avait duré cette loterie de la mort, s'élança et se saisit des dés. Il cherchait à maîtriser un sourire. En effet, le point de cinq lui assurait presque l'existence, car il était fort au-dessous de la moyenne favorable.

Benito agita les dés, il les entendit retentir sur la dalle, arracha son bandeau et se précipita... Quatre! s'écria-t-il avec un accent qui n'avait rien d'humain...

Et cet infortuné, condamné pour la seconde fois à mort dans la même journée, retomba dans sa sombre douleur.

Ses compagnons sortirent ; il les embrassa, mais sans leur adresser une parole.

Benito, resté seul avec le prêtre, tira de son

sein un portrait d'enfant qu'il y tenait renfermé.

Tout était rentré dans le silence.

Le lendemain matin, les troupes de la garnison étaient réunies sous les murs de la ville. Elles formaient les trois côtés d'un carré dont un fossé profond traçait le quatrième. Derrière les troupes, la foule grondante et agitée.

A dix heures, le capitaine-général commandant les forces de la province, et le brigadier commandant la garnison de la ville arrivèrent accompagnés de leur état-major.

Le brigadier tira son épée, fit un signe, le silence s'établit.

« Peuple ! dit-il, de par la reine, quiconque proférera le cri de grâce sera déclaré traître, et à l'instant même puni comme tel. Il y va de la vie ! »

A peine ces redoutables paroles étaient-elles prononcées, qu'un roulement de tambour se fit entendre, et le condamné parut accompagné d'un détachement de soldats de son régiment.

Benito entra dans le carré; il était vêtu de son uniforme, mais sans chapeau et sans épée. Il avait les mains liées. Le prêtre marchait auprès de lui.

Benito était calme.

Le drapeau du régiment fut amené au milieu

du carré; Benito s'agenouilla devant lui. Un soldat vint placer le chapeau du condamné sur sa tête, un autre lui ceignit son épée.

Un second roulement se fit entendre. Alors un officier, l'adjudant qui avait présidé à la lugubre scène de la nuit, vint se placer devant le condamné et lui dit à voix haute :

« Le Souverain, dans son insigne bonté, vous avait accordé le droit de rester couvert devant son glorieux drapeau; vous vous êtes rendu indigne de cet honneur, sa justice vous l'enlève! »

Un soldat qui se tenait derrière le condamné jeta le chapeau à terre.

Benito tressaillit.

Après un moment de silence, l'adjudant reprit :

« L'épée qui vous avait été donnée pour combattre les ennemis de la reine, vous l'avez souillée; l'arme d'un loyal soldat ne doit pas rester dans la main d'un traître : qu'elle soit brisée, pour l'exemple de tous, et pour votre propre honte! »

Un soldat tira l'épée du fourreau, et, l'ayant brisée, en jeta les morceaux devant le condamné.

Benito jeta un cri étouffé.

Enfin, après un second silence, l'adjudant reprit encore :

« Dépouillez maintenant cet homme de l'uniforme qui servit à le confondre avec d'honnêtes et loyaux soldats; qu'il subisse le châtiment que mérite son crime, que son corps soit livré au supplice, et que Dieu ait son âme ! »

Benito était livide. Deux soldats lui délièrent les mains et arrachèrent son uniforme. Le peloton chargé de l'exécution s'avança.

Benito, par un effort suprême, se releva; mais à peine debout, sa figure se contracta en une horrible convulsion, un râle déchirant sortit de sa poitrine, il tourna sur lui-même comme un homme ivre, puis tomba comme une masse inerte, le visage contre terre et les mains en avant : il était mort.

Les soldats reculèrent.

— Que la justice de la reine ait son cours, cria le capitaine-général d'une voix retentissante.

— Feu ! dit le commandant du peloton.

Et douze balles vinrent déchirer ce cadavre.

Les soldats rentrèrent en ville, et la foule se retira terrifiée par cet épouvantable spectacle.

Voilà l'histoire que j'ai entendu raconter souvent au fils de Benito G..., qui vient d'être fusillé comme insurgé en Espagne.

XXIX.

LA CROIX.

En 1127, Louis le Gros fit mettre en croix Bertholde, auteur de l'assassinat de Charles le Bon, avec un chien attaché près de lui, qu'on battait de temps en temps pour le faire mordre.

Le triste usage de crucifier la tête en bas fut en vigueur chez les Macédoniens, et mis quelquefois, suivants certains auteurs, en usage en France pour les juifs et les hérétiques.

XXX.

LA PENDAISON AU MOYEN AGE.

Le criminel condamné à la potence devait avoir trois cordes au cou : les deux premières, de la grosseur du petit doigt et appelées tortouses, avaient chacune un nœud coulant et servaient à étrangler le patient; la troisième, appelée le jet, ne servait qu'à jeter le patient hors de l'échelle.

Arrivé à la potence où était appuyée et liée une échelle, le bourreau montait le premier à reculons, et aidait au moyen d'une corde le criminel à monter de la même façon.

Puis le bourreau, se tenant des mains aux branches de la potence, à force de secousses et de coups de genoux dans l'estomac, terminait le supplice par la mort.

XXXI.

LA PENDAISON EN AMÉRIQUE.

Fortuné Wright, soldat au 96ᵉ regiment d'infanterie de couleur, a été pendu le 22 de ce mois à la Nouvelle-Orléans.

Il y a quelques mois, le juge Scott et le docteur Octavius Trezevant passant dans une rue de Carolton, virent un soldat de couleur qui battait une négresse, et ils s'interposèrent en lui reprochant sa brutalité.

Le soldat, qui était ivre, retourna sa colère contre ces deux messieurs, et frappa avec un couteau-poignard le docteur Trezevant, qui expira bientôt après. Le meurtrier fut condamné à mort

par une commission militaire, et la sentence fut
approuvée par le général Canby.

Au jour fixé pour l'exécution, les autorités militaires, dans le but de faire un exemple, avaient
déployé un appareil extraordinaire. Les rues de
la ville étaient dès le matin encombrées de troupes et de nègres accourus de toutes les localités
environnantes. Un grand nombre d'entre eux se
réjouissaient hautement de l'espoir d'obtenir un
bout de la corde qui devait servir au supplice,
pénétrés de l'idée superstitieuse qu'un pareil objet est un talisman qui préserve de tous les maux.

Fortuné Wright était un nègre de grande taille,
vigoureux et parfaitement noir. Il a montré un
sang-froid inébranlable, et aucune émotion n'a
paru sur ses traits pendant toute la durée de la
cérémonie. Il était en petit uniforme et d'une tenue irréprochable.

Arrivé sur l'échafaud, il a prononcé d'un ton
ferme quelques paroles dans lesquelles il a protesté qu'il n'avait pas eu l'intention de tuer le
docteur Trezevant; qu'il avait servi trois ans sans
jamais désobéir aux ordres de ses supérieurs;
qu'il était prêt à mourir, mais que sa mort était
injuste, attendu qu'il avait agi sans prémédita-
tion. Enfin il remettait son âme à Dieu avec con-

8

fiance, et invitait les soldats de sa couleur à voir dans sa mort un avertissement pour leur conduite à venir.

La harangue terminée, le capuchon noir a été rabattu sur son visage, et la trape est tombée sous ses pieds. Mais la corde étant neuve et insuffisamment graissée, le nœud glissa derrière les oreilles, et le supplicié resta pendu par la tête au lieu de l'être par le cou.

Il fallut le redescendre et recommencer l'opération. La corde glissa de nouveau et la strangulation n'eut pas lieu; mais la colonne vertébrale était brisée par la secousse, et la mort s'ensuivit après quelques minutes de convulsions. Une heure après, les médecins déclarèrent que la vie avait cessé, et le cadavre fut décroché pour être déposé dans la bière.

Pendant toute la journée, les nègres n'ont cessé d'assiéger les abords de la prison, dans l'espoir d'obtenir un morceau de corde du pendu.

La pendaison en Angleterre se fait de la même façon, nous ajouterons seulement à ce récit les détails suivants qui sont assez curieux :

L'*International* a publié le récit des exécutions célèbres. Nous lui empruntons la suivante C'est celle du comte de Ferrers, qui avait assassiné son intendant.

On eut pour lui des égards, je dirais même des attentions. Par exemple, au lieu d'arriver à Tyburn dans l'ignoble charrette, il se fit conduire dans un superbe carosse tiré par six chevaux. Il portait son habit de noces et des gants blancs.

Le bourreau consentit à le pendre avec une corde de soie. On inventa pour l'occasion le système de la trappe (*drop*). Autrefois, on se contentait de conduire le condamné sous le gibet sans le faire descendre de la charrette, puis, lorsque le bourreau avait disposé la corde autour du cou de la victime, la voiture avançait et le condamné perdait pied. Ce système était cruel en ce sens qu'il n'y avait pas de choc violent, et que la mort était loin d'être instantanée.

Le comte, lui, en homme qui sait bien mourir, se fit dresser un échafaud garni à son milieu d'une planche mobile sur laquelle il se plaça et qui s'enfonça brusquement à un signal donné du bourreau.

Lorsque l'exécution fut terminée, le peuple se disputa à coups de poing la possession de la corde de soie. On a conservé soigneusement cette relique jusqu'à nos jours, ainsi que le compte du marchand qui avait fait cette malheureuse corde.

Les spectateurs se disputèrent aussi le drap noir qui recouvrait la potence. Quant au somptueux véhicule qui avait transporté le comte Ferrers à Tyburn, il fut acheté par un carrossier d'Acton.

CINQUIÈME PARTIE

LA GUILLOTINE

LA GUILLOTINE

I.

Son histoire.

Le *Corsaire* a publié, sous la signature de M. De-guin, les détails suivants sur l'origine de la guillotine :

« C'est le 25 avril 1792 qu'on vit fonctionner pour la première fois, à Paris, une machine étrange destinée à couper des têtes.

« A cet effet, une foule immense de curieux se pressait sur la place de Grève. Qui allait-on exécuter ? Un assassin vulgaire.

« Tout à coup un grand silence se fit... le couteau meurtrier glissa dans les rainures de la fatale machine, et une tête tomba.

« *Sainte Guillotine, vierge* ! selon l'expression de l'*Almanach des Aristocrates* de 1791, venait d'exécuter son œuvre. On pouvait bien encore l'appeler *sainte*, mais pour *vierge!* elle ne l'était plus.

« De ce moment, la guillotine eut son droit de cité dans la grande capitale.

« Le malheureux qui venait ainsi de passer de vie à trépas se nommait Jacques-Nicolas Pelletier, et avait été condamné à la peine de mort par le *tribunal criminel* du département de Paris, tribunal nouvellement institué, pour vols et assassinats sur les grands chemins.

« Après l'exécution, la foule se retira beaucoup moins impressionnée que surprise.

« Comme, à cette époque, beaucoup s'imaginaient que la nouvelle machine des hautes-œuvres avait été inventée par le docteur Louis, secrétaire perpétuel de l'Académie de médecine, qui n'avait fait que la perfectionner, quelques-uns la nommèrent *Louison*, d'autres *Petite Louisette* ; la *Mirabelle* n'est qu'un surnom qui lui fut donné momentanément par les *Actes des Apôtres*, qui, par dérision sans doute, voulait en faire « *la femme de Mirabeau.* » Mais son premier nom prévalant, on ne tarda pas de la nommer du nom qu'elle a encore aujourd'hui, *guillotine.*

— Pourquoi? se sont demandé et se demandent encore beaucoup de personnes.

« Par une raison très-simple, c'est que ce nom lui a déjà appartenu.

« Examinons les dates.

« C'est par l'Assemblée législative que l'Académie de médecine fut chargée de faire un rapport sur la question des hautes-œuvres. A quelle époque celle-ci présenta-t-elle son rapport, signé du docteur Louis?

— Le 7 mars 1792.

« A quelle époque l'Assemblée sanctionna-t-elle les conclusions de ce rapport?

« — Le 20 du même mois.

« Or, dès le mois de novembre 1789, on chantait dans les rues de Paris, sur l'air du menuet d'Exaudet, cette chanson : Les *Défenseurs de la noblesse,* insérée dans les *Actes des Apôtres.*

Guillotin,

Médecin,

Politique,

Imagine un beau matin

Que pendre est inhumain

Et peu patriotique.

Aussitôt

Il lui faut

Un supplice

Qui, sans corde ni poteau,

Supprime du bourreau
L'office.
C'est en vain que l'on publie
Que c'est pure jalousie
D'un suppôt
Du tripot
D'Hippocrate,
Qui, d'occire impunément,
Même exclusivement,
Se flatte.
Le Romain
Guillotin
Qui s'apprête,
Consulte gens du métier,
Barnave et Chapelier,
Même le *coupe-tête*
Et sa main
Fait soudain
La machine
Qui simplement nous tuera
Et que l'on nommera
GUILLOTINE.

« Et celle-ci, sorte de pot-pourri, beaucoup moins réussie, mais qui fait parler Guillotin dans deux de ses couplets :

En rêvant à la sourdine
Pour vous tirer d'embarras,
J'ai fait faire une machine
Qui met les têtes à bas.
C'est un coup que l'on reçoit
Avant qu'on s'en doute ;
A peine on s'en aperçoit,
  Car on n'y voit goutte.

Un certain ressort caché,
Tout à coup étant lâché,
  Fait tomber, ber, ber,
  Fait sauter, ter, ter,
    Fait tomber,
    Fait sauter,
Fait voler la tête :
C'est bien plus honnête.

« Les *Actes des Apôtres* et les autres publications
du même genre ne se seraient pas livrées à de pa-
reilles joyeusetés, si le docteur Guillotin avait été
complètement étranger à l'invention ou à la mise
en usage de l'instrument de supplice qui porte aujourd'hui son nom.

« Voici ce que nos recherches nous ont fait dé-
couvrir, ce que nous considérons comme l'expression de la vérité : Le docteur Guillotin n'est pas

l'inventeur de la *guillotine*, mais c'est avec raison qu'on lui a appliqué son nom.

« En effet, membre de l'Assemblée constituante, dès le 28 novembre 89, nous le voyons monter à la tribune et développer tout un projet détaillé de législation pénale. Selon lui, la peine de mort devait être appliquée suivant un mode uniforme, quelle que fût, du reste, la condition des condamnés. La décapitation lui semblait le procédé à la fois le plus sûr, le plus rapide et le moins barbare.

« Son idée n'étant adoptée qu'en principe, il revint à la charge en 1791.

« Mais, dès novembre 89, selon un historien très-estimable, M. Augustin Challamel, il parla, comme étant de son *invention*, d'une machine propre à exécuter les hautes-œuvres.

« On lui prête même ces paroles :

« Avec ma machine, je vous fais sauter la tête
« d'un clin d'œil et vous ne souffrez point; on
« sent seulement une légère fraîcheur sur le cou. »

Sur la foi d'un témoin oculaire, M. Challamel dit aussi :

« Il était tellement enchanté de sa dernière découverte, qu'il portait dans sa poche de petites guillotines en miniature, et qu'il décapitait des poupées, par forme d'exemple, devant ses amis et connaissances. »

«Il m'a été affirmé qu'il en décapitait, non seulement devant ses amis et connaissances, mais encore à la tribune et jusque sur le bureau du président.

«A ceux qui me diront que je charge, je répondrai : relisez les couplets ci-dessus et vous verrez qu'ils ne font que corroborer sur bien des points ce que j'avance ici.

« Pour moi, il n'y a pas de doute : sans le docteur Guillotin, nous n'aurions pas eu la guillotine, aussitôt du moins. C'est donc à bon droit que son nom lui a été donné, je le répète; aussi lui est-il resté et il lui restera. Certes, Guillotin n'était pas un homme sanguinaire, ce n'était pas même un méchant homme; mais on me permettra de n'admirer que médiocrement une philanthropie qui met un instrument de supplice au service de l'humanité. Il est vrai que jusqu'alors en France, comme partout ailleurs, on avait torturé, roué, écartelé, brûlé, exercé tous les genres de mort possible, ce qui devait être peu agréable pour les patients. Le docteur Guillotin se sera dit : « Au lieu de tous ces barbares supplices, indignes d'un peuple civilisé, n'ayons qu'un genre de mort par

9

la décollation pour tous les crimes; un simple couteau tombera sur le cou des coupables, et ce sera bien plus humain, »

« Et, dans le monstrueux, effectivement, c'est plus humain.

« Comme savant, Guillotin tenait bien sa place au milieu de ses confrères; comme député, un peu innocemment, il est vrai, dans les diverses assemblées, où il a eu l'honneur de siéger. On dit qu'il a concouru à la rédaction de la *Déclaration des droits de l'homme*. Lors de la fermeture de la salle des États, c'est lui qui indiqua aux députés le *Jeu de paume* comme lieu de leur délibération. On sait le serment célèbre qui s'y prêta. C'est aussi lui qui présenta la pétition pour la création de la *garde nationale*, devenue, avec le temps, un des pouvoirs actifs de l'État. Enfin, c'est un des hommes remarquables de notre première révolution· Malgré cela, Guillotin, le savant, le républicain, le... révolutionnaire de 1789 — je brave ici un préjugé populaire — n'est pas mort guillotiné : il est mort paisiblement dans son lit le 26 mai 1814.

« Disons maintenant pourquoi les savants Guillotin et Louis ne pouvaient pas être des inventeurs de la guillotine.

« Que dit, dans ses conclusions, le rapport de l'Académie de médecine présenté, le 7 mars 1792, à l'Assemblée législative : Que la *mannaja* (ou *mannaïa*) italienne modifiée est le meilleur genre d'instrument qui puisse être appliqué aux hautes-œuvres.

« Or, pour que l'Académie parlât de modifier la *mannaja* des Italiens, il fallait que celle-ci existât ou eût déjà existé.

« La *mannaja* des Italiens existait dès les premières années du seizième siècle. Elle consistait en deux poteaux plantés verticalement et joints par une traverse à leur partie supérieure. Une lourde hache, suspendue à cette traverse, tombait tout à coup au moment convenable et tranchait le cou du patient, qui était posé immédiatement au-dessous sur un bloc de bois. A la même époque, un appareil du même genre fonctionnait aussi en Écosse ; on le nommait *Maiden*.

« C'est ce *Maiden* des Écossais ou, si l'on aime mieux, la *Mannaja* des Italiens perfectionnée, qui est devenue notre guillotine.

« La première guillotine qui fonctionna à Paris fut construite par un maître charpentier appelé Guidon, qui demanda 5500 francs pour ce travail, et non par un nommé Schmidt, ainsi que je l'ai annoncé moi-même quelque part par erreur, n'ayant pas de documents suffisants à ma disposition. Schmidt, originaire d'Allemagne, habile mécanicien, alors facteur de pianos, très-passionné pour la musique, ainsi que tous les gens de son pays, ne fit que dessiner le plan de la première guillotine, après bien des répugnances, pour satisfaire aux exigences de Charles-Henri Sanson, l'exécuteur des hautes-œuvres, avec lequel son nouvel état et ses goûts pour la musique l'avaient mis en relation d'amitié. Sur son plan, le couperet avait la forme d'un croissant. Mais Louis XVI, voulant donner des conseils au docteur Louis, chargé alors par l'Assemblée de donner son avis motivé sur le nouveau mode de décollation, dans une entrevue qu'il eut aux Tuileries avec lui, Guillotin et l'exécuteur Sanson, mais à laquelle il n'assistait pas comme roi, trouva que la forme était défectueuse, qu'un croissant ne pouvait convenir à tous les cous, surtout au sien, charnu et musculeux, qui dépassait de beaucoup les proportions du couteau dessiné par Schmidt; et, séance tenante, il dessina lui-même un couteau ayant une direction oblique. Cela se passait le 2 mars 1792.

« La machine construite par Guidon fut essayée

à Bicêtre le 17 avril de la même année, en présence des Sanson, des docteurs Louis, Philippe Pinel et Cabanis, ainsi que des prisonniers qui s'étaient mis à leurs fenêtres. Deux expériences eurent lieu avec le couteau oblique et une avec le couteau en forme de croissant, non sur des êtres vivants, mais sur trois corps morts fournis par la direction des hospices. Ayant reconnu des inconvénients au second, le docteur Louis fit définitivement adopter le premier, c'est-à-dire celui qui avait une disposition oblique, celui qui avait été dessiné par Louis XVI. La machine fut ensuite livrée aux exécuteurs.

« Nous avons vu que la première tête qu'elle fit tomber fut celle d'un criminel. Son œuvre politique commença le 27 août 1792 avec Collenot d'Angremont, condamné à la peine de mort à propos de la journée du 10 du même mois. Elle ne fit ensuite que se prostituer dans le sang. Cruelle comme la fatalité, elle ne respecta ni le savoir, ni l'esprit, ni la jeunesse, ni le dévouement. Pour elle, le monde était hermaphrodite ; aussi confondit elle tous les sexes. Ni les grâces de la jeune fille, ni les vertus de la mère, de la femme et de l'épouse, rien ne put jamais l'apitoyer. Que dis-je ? l'innocence même ne pouvait

obtenir grâce auprès d'elle. Ah ! combien de no-
bles cœurs elle a meurtris, de belles existences
elle a fauchées ! Où sont nos héros de la patrie ?
Guillotine implacable, invention infernale, qu'as-
tu fait de nos grands citoyens ?...

« La guillotine, autrement dit la *mannaja* italienne, ne fit pas son apparition, en France, pour
la première fois le 25 avril 1792 ; elle existait
déjà à Toulouse en 1632, époque où on décapita
(pour ne pas dire guillotiné) le duc de Montmorency dans cette ville. Cela ressort clairement de
la description de son supplice.

« L'échafaud était dressé dans la cour du Capi-
tole ; le duc y monta d'un pas ferme, se mit à
genoux, baisa le crucifix et posa sa tête sur le
billot, « au-dessus duquel était suspendue une
sorte de doloire entre deux ais de bois, attachée
par une corde qui, se lâchant, la faisait tomber. »

« C'est sans doute le souvenir de ce cruel supplice qui inspira à un ami des arts, à un homme
de cœur, ce pieux mensonge en 1792.

« La princesse des Ursins, veuve de Montmorency, avait fait élever un magnifique tombeau à
son mari, dans l'église du couvent de la Visita-
tion, à Moulins, où elle prit l'habit. Des vandales,
après avoir brisé les sépultures des Bourbons, à

Saint-Denis, allaient porter leurs mains sacri-
léges sur cette admirable œuvre d'art.

« — Malheureux! leur dit notre artiste, respec-
tez les restes du grand Montmorency, GUILLOTINÉ
pour avoir combattu avec le peuple contre le roi,
les prêtres et la noblesse.

« Et le tombeau fut respecté.

« En terminant, j'admire combien le peuple le
plus spirituel de la terre est ignorant sur les choses
les plus saillantes de son histoire nationale. »

II.

Les cachots des condamnés à mort.

C'est, suivant l'usage, le lendemain même de
sa condamnation que Castex, l'un des auteurs du
crime commis à Saint-Denis, fut transféré à la
Roquette. Il y a été placé dans l'une des cellules,
— il y en a trois, — disposées pour recevoir les
condamnés à mort. Contrairement à une croyance
faussement accréditée et à des descriptions imaginaires, ces cellules n'ont rien de commun avec
ce qu'on appelle un cabanon. Ce sont de vastes
chambres, parquetées, de quatre mètres de largeur sur cinq environ de hauteur, où de grandes

fenêtres, prenant jour sur le préau, distribuent abondamment l'air et la lumière.

Le mobilier consiste en un poêle en faïence, deux chaises en bois blanc foncées de paille, une couchette en fer garnie de deux matelas et dont le linge est renouvelé tous les vendredis, plus une planche étagère fixée au-dessus du lit; les cellules sont lavées à l'eau de chaux chaque fois qu'un nouvel hôte les occupe, ce qui relègue dans le domaine de la fantaisie les diverses inscriptions dont on prétend que les murs de ces réduits sont couverts. Le régime des détenus se compose à l'ordinaire de soupe et de légumes, auxquels, deux fois par semaine, on ajoute de la viande.

Pour les condamnés à la peine capitale, le règlement, s'ils le demandent, permet de doubler la ration.

III.

Exécution de Poncet.

Nous choisissons comme type d'exécution celle de l'assassin Poncet, tels que les détails ont été publiés par le *Figaro* :

« Un grand crime vient d'être expié : ce matin

a eu lieu à Versailles l'exécution de Barthélemy Poncet, condamné à mort, le 13 janvier dernier, par arrêt de la cour d'assises de Seine-et-Oise, pour crime d'assassinat sur la personne de M. Thomas Lavergne.

« Le public avait cru deviner juste en calculant que, le pourvoi de Poncet ayant été rejeté jeudi par la cour de cassation, l'exécution de ce criminel aurait lieu le lundi suivant. Aussi la nuit du dimanche, une foule innombrable occourue de tous les environs de Paris ne cessa de se diriger sur Versailles, et, dès le matin, tout le parcours qui conduit au lieu des exécutions était occupé par une affluence énorme de curieux.

« La rue des Chantiers, l'une des rues les plus tristes et les plus longues de la ville, et qui traverse un des quartiers du vieux Versailles, était couverte, sur une étendue de deux kilomètres, d'une foule compacte composée de la manière la plus bizarre. Des voitures de place, des voitures particulières, des carrioles de bouchers et de blanchisseurs, des cabriolets cherchaient, malgré les cris de cette multitude, à se faire livrer passage et ne l'obtenaient qu'à grand peine. On voyait des enfants, des jeunes filles, des femmes de la campagne retroussées jusqu'aux genoux et

9.

couvertes de boue. Il tombait une pluie glaciale que le vent du nord chassait fort désagréablement à la figure; tout le monde était mouillé jusqu'aux os, mais on ne se décourageait pas pour cela. Toujours de nouveaux flots d'arrivants poussaient, avec de grands cris, les flots des curieux qui les avaient précédés.

« Mais le point où l'échafaud se dresse ordinairement à Versailles, et qui est sur la route de Sceaux, à l'extrémité de la rue des Chantiers, était déjà occupé par un autre courant de populations venues du côté opposé. Colombes, Gennevilliers, Argeuteuil, Enghien, Saint-Gratien, localités où Poncet avait passé une partie de sa jeunesse, avaient fourni un contingent énorme de spectateurs.

« Ce grand mouvement fut cause que la nouvelle de l'exécution de Poncet circula dès le lundi à Paris. La foule fut encore très-considérable les jours suivants, et, à peine le jour paraissait-il que des groupes stationnaient devant la maison d'arrêt, l'œil fixé sur la porte, espérant la voir s'ouvrir d un instant à l'autre pour laisser sortir la voiture qui devait conduire Poncet au lieu de son supplice.

« Tous ces jours passés les greffes de Paris et de

Versailles étaient assaillis par des personnes qui désiraient savoir si le jour de l'expiation avait été fixé ; mais on ne pouvait les satisfaire.

« Dans les environs d'Argenteuil on a longtemps eu la pensée que cette exécution se ferait sur les hauteurs du bois d'Orgemont. Les habitants supposaient que l'on abattrait les taillis et les arbres pour faire une place à l'endroit même où M. Lavergne avait été tué, afin d'y élever l'instrument du supplice.

« Il ne faudrait pas croire que le seul mobile de cette foule, irrésistiblement attirée à Versailles, fût la curiosité si triste de voir exécuter un criminel : on s'apercevait aisément qu'un sentiment de profonde indignation, excité par cet odieux forfait, animait la plupart des groupes.

« On rappelait plusieurs crimes commis dans le canton d'Argenteuil et dont les auteurs étaient restés inconnus. On ne craignait pas d'en accuser Poncet.

« La veille du rejet de son pourvoi, Poncet avait reçu la visite de son défenseur, Me Léon de Barthélemy. Le condamné l'avait beaucoup entretenu du bruit qu'avait dû faire son procès, et il manifesta à plusieurs reprises le désir de lire les journaux qui avaient parlé de cette affaire. Il ajouta :

« Je me doute bien que ces farceurs de journaux ont dû en dire beaucoup sur mon compte. »

« Poncet a été visité par ses parents. Son frère et sa belle-sœur sont venus le voir deux fois. Mais, depuis le rejet de son pourvoi par la Cour de cassation, il était devenu nécessaire de l'isoler avec le dehors, de peur qu'on ne lui apprît cette nouvelle, et il l'a ignorée jusqu'au dernier moment. Un factionnaire était placé à la porte de la cellule. Il a dit à l'un d'eux : « Dans quelques jours, vous serez plusieurs à me garder. » Poncet avait compris que son isolement avait une signification terrible pour lui ; aussi était-il très-abattu ces jours derniers, et ses traits étaient-ils tout décomposés. Cependant, il a toujours été fort tranquille.

« Avant cette dernière période de sa vie, il avait eu des intervalles d'espoir ; il s'abandonnait parfois à l'illusion que les démarches faites par M. l'abbé Folley pourraient lui valoir une commutation de peine. Mais le bruit avait couru que lorsque M. Folley avait eu l'honneur d'être reçu par le souverain, on lui avait fait observer que Poncet s'était échappé deux fois du pénitencier de Cayenne, et qu'une commutation de peine n'offrait pas beaucoup de garanties à la société.

Cependant l'Empereur, assurait-on, avait promis à M. l'aumonier d'examiner avec soin les pièces du dossier.

« M. l'abbé Folley visitait souvent le condamné, et lui procurait par lui-même beaucoup de petites provisions auxquelles Poncet était très-sensible. A la suite des consolations que lui donnait M. l'aumônier, les sentiments religieux avaient germé dans le cœur de Poncet, et, le 28 janvier dernier, il avait reçu la communion.

« Cette semaine, Poncet avait perdu toute espérance de conserver la vie. D'horribles pressentiments avaient fait pénétrer la terreur dans son âme. Son sommeil était agité, il balbutiait des mots entrecoupés, il jetait des cris et se levait en sursaut.

« La nuit du dimanche au lundi, le bruit des voitures, les clameurs des passants étaient parvenus jusqu'à son oreille, malgré son sommeil, et cette sensation, venant se mêler aux images lugubres en face desquelles il s'était endormi, avait enfanté dans son cerveau un rêve des plus affreux. Aussi le lendemain, quand son réveil l'arracha à cet épouvantable cauchemar, il ne put s'empêcher de dire :

« Ma foi! cette nuit, j'ai bien cru qu'on me

conduisait à l'échafaud; il me semblait que le peuple voulait se jeter sur moi pour me déchirer, mais je vois avec satisfaction que ce n'était qu'un rêve! Cependant, pas d'illusion : je vois bien que tout est terminé pour moi, et que dans ce moment-ci ça fume! ça fume!...

« Puis, quand sa pensée se reportait à l'exécution qui l'attendait, il disait :

« Je voudrais mourir en sortant de la prison; mais il faut aller chercher la mort à une demi-lieue d'ici.

« Ce matin, l'exécuteur des hautes-œuvres de de Paris frappait, à cinq heures moins quinze minutes, à la maison d'arrêt. Il était descendu d'une voiture spéciale avec laquelle il était venu de Paris, et qui était destinée à transporter le condamné.

« M. l'aumônier a été averti, et avant six heures M. l'abbé Folley entrait dans la cellule de Poncet pour lui annoncer que la justice des hommes allait avoir son cours.

« Le condamné s'est jeté au cou de cet excellent ecclésiastique en s'écriant : « Je suis tout prêt, monsieur l'aumônier. Je vais vous procurer là une terrible corvée; mais vous savez ce que je vous ai promis; vous n'aurez pas le moindre désagrément avec moi. Je ne vous ferai pas de peine. Je suis résigné, »

« Poncet a entendu la messe, dit M. l'abbé Folley ; il a ensuite supporté les apprêts de la toilette avec assez de calme. Quand il a vu approcher celui qui devait lui couper les cheveux derrière la tête : « Ah ! c'est vous, lui a-t-il dit, qui êtes aujourd'hui mon coiffeur ? c'est très-bien ; faites votre métier. »

« Cependant, lorsque cette opération s'exécutait, les cheveux du condamné, qui les avait un peu plats, se sont visiblement soulevés au-dessus du front. Les ciseaux ont fait ensuite une large entaille dans la haut de la chemise, sur laquelle l'exécuteur a jeté un vêtement bleu en forme de blouse. Avant ces opérations, Poncet s'était laissé lier les mains et les pieds sans aucune résistance.

« Poncet, d'un ton de voix ému, a dit adieu, en passant, aux personnes qui l'avaient gardé dans la prison. Puis il a descendu avec résolution l'escalier qui conduit au vestibule de la maison d'arrêt, où on l'a fait monter, avec M. l'abbé Folley et deux gendarmes, dans la voiture que l'exécuteur avait conduite à la maison d'arrêt. Elle vait la forme d'un cabriolet, par devant, et la

forme d'un fourgon couvert par derrière. Au lieu
de vasistas, on avait pratiqué des trous ronds sur
les côtés.

« A sept heures moins un quart, les deux bat-
tants de la prison se sont enfin ouverts. Une ru-
meur prolongée est partie de la foule, et la voiture, escortée par six gendarmes à cheval, com-
mandés par un maréchal-des-logis, s'est dirigée ,
au grand trot, vers le lieu du supplice.

« Après avoir traversé l'avenue de Paris, on a
suivi la rue des Chantiers, qui est très-longue et
qui aboutit à la barrière d'octroi du même nom.

« On a dépassé, à gauche, le champ de course
de Porchefontaine, et l'on s'est arrêté un peu plus
à droite sur la route de Sceaux.

« Là se trouve l'entrée d'un bois appelé le *bois
du pont Colbert.* Entre la route et l'entrée de ce
bois, qui est fermé de toutes parts, on a laissé libre un espace de douze mètres carrés. C'est sur
cet étroit emplacement, borné de trois côtés par
les barrières du bois, que l'échafaud avait été
dressé la nuit précédente, à l'aide de flambeaux.

« Comme on avait su que l'exécution était pour
ce matin , les habitants de Montreuil , près Versailles, dont les maisons sont situées sur une hauteur, examinaient de loin ces quelques hommes

qui, à l'aide de flambeaux vacillants, préparaient la fatale machine.

« Un piquet d'infanterie avait gardé l'échafaud toute la nuit.

Le condamné est monté sur la plate-forme par le côté qui regardait la route ayant la face tournée vers le bois du Pont-Colbert. Il a gravi les marches d'un pas assuré, entre un aide et l'exécuteur. M. l'abbé Folley marchait devant eux en surplis et en camail avec un christ à la main. Parvenu en haut, Poncet s'est agenouillé pour baiser le christ, et au moment où il se relevait, l'abbé Folléy l'a embrassé, suivant le désir du condamné. Poncet a protesté de son innocence et il a salué les spectateurs par de petits mouvements de tête. A ce moment, il avait les yeux hagards, et la pâleur de son visage était extrême.

« L'exécuteur a ôté à Poncet la blouse jetée sur ses épaules, et le condamné, saisi par les aides, a été rapidement bouclé à la planche à bascule ; le corps de Poncet s'est abaissé en clin d'œil, et quelques secondes s'étaient à peine écoulées que sa tête tombait, à sept heures, au milieu des frémissements de la foule. Les spectateurs, qui étaient très-bruyants, avaient gardé le plus profond silence dès que la voiture du condamné avait paru.

« Après l'exécution, on a entendu des applaudissements.

« M. l'abbé Folley, pour ne pas voir l'exécution, a eu à peine le temps de monter dans une voiture particulière qui l'attendait au pied de l'échafaud. Mais quelques minutes après, il a pu voir passer devant lui l'espèce de fourgon où il se trouvait quelques instants auparavant avec Poncet, et qui ne renfermait plus que son cadavre jeté dans une manne d'osier. Un aide allait conduire ce cadavre au cimetière de Montreuil. Deux gendarmes à cheval suivaient cette voiture.

« L'exécuteur de Paris avait ses deux aides, et il était encore assisté de l'ancien exécuteur de Versailles, faisant, dans cette circoastance, office d'aide. Ce dernier était dans la voiture qui portait au cimetière les restes du condané. Là, un commissaire de police attendait le corps pour constater l'inhumation. On s'attendait si bien à l'exécution de Poncet que sa fosse était préparée depuis trois jours.

« L'exécution était protégée par un piquet de grenadiers de la garde, par un piquet de zouaves et un escadron de lanciers. Toute cette nuit, il était arrivé des curieux à Versailles de toutes les directions. Aussi, avant le jour, la route de Paris à Sceaux, sur le bord de laquelle, comme on a vu, était dressé l'échafaud, n'était plus abordable pour les retardataires.

« A la même place où Poncet a expié son crime, depuis quelques années seulement sont tombées quatre têtes : celle de Jaquet, qui avait assassiné un détenu de la maison de Poissy et qui avait commis une tentative d'assassinat sur un des gardiens de cette prison; celle de Duclos, pour assassinat sur sa maîtresse, à Charonne. Cette affaire, jugée d'abord par le jury de la Seine avait été renvoyée, par suite de cassation, à la cour d'assises de Seine-et-Oise. Puis vint le supplice de Balagny, garçon boucher, assassin du père Huet, aux Carrières Saint-Denis, et enfin celui de Henne, garçon boucher aussi, qui avait tué un vieillard, dont il était le commensal et le locataire.

III.

Une guillotine nouvelle.

Parmi les objets qui attireront le plus l'attention à la future Exposition de 1867, disait un journal, on peut citer en première ligne une guillotine d'un nouveau modèle, dont l'invention est due à un compatriote de M. de Bismark. Cette guillotine coupe six têtes à la minute, on peut arriver à huit, mais en forçant.

Le couteau est mis en mouvement au moyen d'une *bielle* qui est adaptée à une puissante machine à vapeur. De cette façon, le glaive de la loi ne tomberait plus directement sur la tête du condamné, il la trancherait par un mouvement circulaire et rotatoire.

Cet instrument peut se monter et se démonter en dix minutes; la machine à vapeur est munie de roues; elle pourrait donc servir d'appareil de locomotion pour amener la guillotine sur le lieu de l'exécution et conduire le corps du supplicié au cimetière.

Cette guillotine n'a pas été exposée.

IV.

L'avenir de la guillotine.

Nous donnons ci-après une lettre écrite à l'*Événement* par M. Raynard, artiste dramatique, et qui contient une théorie intelligente de la peine de mort.

Tant que cette mesure subsiste dans nos lois, il est évident que la souffrance doit être supprimée autant qu'il appartient à la science humaine.

« Monsieur le rédacteur,

« Depuis quelque temps on s'occupe beaucoup de la peine de mort.

« On cherche, sinon son abolition, du moins un moyen d'exécution, je ne dirai pas plus humain, mais plus en harmonie avec les progrès de notre siècle.

« Voici quelques réflexions qui me sont venues à ce sujet.

« On dit que toutes les institutions *humaines* sont perfectibles. C'est sans doute pour cela que l'exécution capitale n'a pas changé depuis la révolution. Je reconnais que c'est un sentiment d'humanité qui a fait adopter la guillottine. Cet horrible instrument était un progrès sur la roue, c'est tout ce que la science d'alors a pu donner. Mais, aujourd'hui nos mœurs nous commandent, je crois, de trouver mieux.

« Que demande la justice?

« Qu'un coupable disparaisse du sein de la société, n'est-ce pas? Elle veut un exemple!

« Où le trouvons-nous, cet exemple !

« L'exécution a lieu le matin au petit jour, et la justice a l'air de se cacher pour anéantir un coupable. On apporte un certain mystère dans les apprêts, on redoute la présence de la foule, on comprend très-bien qu'elle est toujours trop nombreuse au pied de l'échafaud, et, sans l'exprimer hautement, on approuve Lamartine, qui disait : « Si les lois sanglantes ensanglantent les mœurs, il ne faut pas que le législateur, pour intimider quelques scélérats, déprave, par la vue du sang, l'imagination de tout un peuple. Du reste, il suffit d'avoir assisté une fois à une exécution pour être édifié sur la valeur de l'exemple. »

« La foule se presse, se bouscule, se bat presque pour arriver au premier rang. C'est un spectacle : on est venu épier le dernier regard du condamné; on est venu écouter ce qu'il dira sur les marches de l'échafaud, et on ne veut rien perdre du drame qui va se dérouler.

« En attendant, cette foule généreuse rit, chante et fait des mots.

« J'ai entendu un homme dire à son camarade :

« — Il a plus d'chance que nous, c'gueux-là, il va déjeuner avec le bon Dieu.

« Un autre disait à sa femme :

« — Est-ce qu'ils n' vont pas s'dépêcher un peu ?

« Et la sensible et poétique créature murmurait dans son impatience :

« — Pourvu que l' petit n'aille pas s'éveiller !

« Le moment fatal approche, la foule est attentive, anxieuse, exactement comme elle l'est au théâtre, quand le traitre va assassiner la jeune première. Mais recueillie? Allons donc! Elle se tait, c'est vrai, mais c'est pour mieux écouter ses propres impressions. Le condamné arrive, on le hisse sur la plate-forme de la guillotine, puis, en présence de la mort, il embrasse le prêtre qui le soutient, il embrasse le crucifix qu'on lui présente, et pensant que dix mille personnes l'observent, ce malheureux, malgré sa confession faite et l'absolution reçue, se parjure, en s'écriant :

« — Je meurs innocent.

« La foule s'éloigne bruyante, et le gamin retourne à son atelier faire le récit d'un spectacle qui lui sert souvent de prétexte à des plaisanteries de mauvais goût dans le genre de celle-ci :

« — Il a tout d' même eu un rude trac, au moment d' laisser tomber sa tourte.

« Dans tout cela, je ne vois pas que l'exemple soit salutaire et moralisateur.

« Un criminel doit mourir, n'est-ce pas? Eh bien! la science a aujourd'hui, pour tuer un homme, des moyens aussi infaillible et surtout moins sanguinaires'que celui du docteur Guillotin.

« Je me demande pourquoi le mode d'exécution par l'électricité ne serait pas adopté ?

« L'étincelle électrique peut foudroyer instanta- nément. J'y vois de nombreux avantages et pas un seul inconvénient. D'abord, il n' a pas de sang répandu. On ne voit pas le hideux couteau s'a- battre sur une tête humaine; il n'y a qu'un agent mystérieux, qui frappe comme frapperait le doigt de Dieu. D'un autre côté cette mort prompte ne laisse plus de place à ce doute horrible qui divise encore les physiologistes : le doute de savoir si la douleur et l'intelligence ne subsistent pas quel- ques instants encore après la décollation.

« Ce serait un progrès de plus que ce foudroie- ment judiciaire eût lieu à huis clos, sauf à pren- dre les précautions de constatation d'identité que j'indiquerai tout à l'heure.

« De cette façon, on enlèverait au condamné ces occasions de forfanterie qui entrent pour une part considérable dans son mépris de la mort; mépris qui, en amoindrissant la pitié du puplic, laisse une part trop grande à son admiration.

« J'ai la conviction que ça n'est certes pas là le dernier sentiment que le législateur s'est proposé de faire connaître dans l'esprit de la foule qui assiste à une exécution.

« Avec l'électricité, rien de tout cela n'est plus possible.

« Le criminel, prévenu dans la journée qu'il disparaîtra de la société au soleil couchant, peut se recueillir et se préparer à la mort. Plus de forfanterie! Il sera seul avec lui-même pour songer au passé dont il lui sera demandé compte dans l'éternité.

« Il n'aura plus cette surexcitation nerveuse que donne la vue du public. Personne ne l'entendra, les murs de sa prison seront muets, et il saura que le lendemain de sa mort les journaux, au lieu du récit circonstancié de ses moindres actions, ne renfermeront plus que cette mention succincte : Le coupable a payé sa dette à la justice des hommes! S'il lui reste encore quelques bons instincts, ils se réveilleront. Ils ne seront plus étouffés par ce sentiment de révolte qui doit pousser le criminel le moins endurci à braver cette société qui, à ses yeux, abuse de sa force, de son droit, en se réunissant tout entière pour accabler un seul homme.

10

« Il aura toutes les faiblesses humaines; il osera pleurer, ses larmes seront sincères; elles auront leur source dans le repentir, et elles éviteront à ce malheureux le parjure de la dernière seconde.

« Si l'on veut à toute force faire de l'apprêt, donner à cette triste solennité une pompe théâtrale, que la cérémonie funèbre ait lieu dans un endroit public pendant une messe basse des morts, devant des juges et un certain nombre de jurés choisis par le sort. Puis l'exécuteur des hautes-œuvres n'aura plus qu'à appuyer sur un bouton de l'appareil électrique pour que le condamné, entraîné à distance et loin de tous regards humains, soit instantanément foudroyé.

« Mais encore cette solennité est-elle inutile?

« Comme il faut qu'on soit assuré que l'exécution a vraiment eu lieu et que la justice n'a de priviléges pour personne, le lendemain les portes d'une morgue s'ouvriront, et, pendant un certain laps de temps, les gens avides de contempler l'image de la mort pourront passer devant le cadavre du supplicié, à la tête duquel on placera ces simples mots :

LA LOI.

« Je n'insiste pas sur les détails de l'exécution par l'électricité, on les trouverait facilement. J'ai voulu seulement indiquer l'idée principale de la substitution d'un procédé plus humain à la guillottine. Cette idée, je l'ai exprimée dans toute sa naïveté. Je serais heureux qu'elle trouvât de l'écho et que mon humble voix soulevât une discussion qui pourrait avoir pour résultat d'épargner à un homme, tout coupable qu'il est, quelques instants d'agonie, de souffrance, et à la société un spectacle horrible et beaucoup plus propre à la dépraver qu'à la moraliser.

« Recevez, monsieur, les meilleures salutations de votre tout dévoué,

« H. RAYNARD. »

TABLE DES MATIÈRES

Paris. — Typ Gaittet, rue du Jardinet. 1.

LA REINE
HORTENSE

HISTOIRE COMPLÈTE

DE

LA MÈRE DE S. M. NAPOLEON III

PAR E. FOURMESTRAUX

OUVRAGE AGRÉÉ

PAR S. M. L'EMPEREUR

L'histoire des principaux membres de la Famille Impériale a déjà été faite plusieurs fois, jamais celle de la **Reine Hortense**, *Mère de l'Empereur Napoléon III*, ne l'a été de façon à être mise à la portée de tout le monde.

S. M. l'Empereur a daigné recevoir l'auteur en audience particulière et lui a adressé les plus vives félicitations, c'est le meilleur éloge que nous puissions faire de l'ouvrage.

Pour recevoir l'ouvrage immédiatement *franco* par la poste, adresser 1 fr. 20 c. en timbres-poste de 20 c. à MM. LEBIGRE-DUQUESNE frères, éditeurs, 16, rue Hautefeuille, à Paris.

LE LOUSTIC
DU RÉGIMENT

UN JOLI VOLUME DE PRÈS DE **400 PAGES**

AVEC GRAVURES

PRIX : 1 FRANC

Ce livre est, avant tout, intéressant et amusant.
— Il contient tous les cancans du régiment, les
bons mots en vogue dans chaque corps les souvenirs drôlatiques de la vie militaire, les anecdotes touchantes ou comiques qui se content
autour du bivouac. C'est le seul qui existe en ce
genre.

Pour recevoir de suite et *franco* le Loustic du Régiment, il suffit d'adresser un franc vingt centimes, soit
en timbres-poste, soit en un mandat sur la poste, à
MM. LEBIGRE–DUQUESNE frères, éditeurs, 16, rue Hautefeuille, à Paris.

LES
BRIGANDS CÉLÈBRES

UN JOLI VOLUME

D'ENVIRON 400 PAGES AVEC GRAVURES

PRIX : 1 FRANC

Ce volume contient des détails sur **Cartouche, Louison Cartouche, Balagny, José Maria, Jack Scheppard, Mandrin, Schinderhannes, Picard, Julie Blasius, Fra-Diavolo,** etc.

Le livre des **BRIGANDS CÉLÈBRES** est tout nouveau, il n'en existe pas de plus dramatique et de plus intéressant. A côté d'aventures terribles qui font frémir d'horreur, se trouvent des anecdotes plaisantes qui ramènent la gaîté dans le cœur du lecteur. Les gravures représentent des portraits et des épisodes de la vie des Brigands célèbres.

NOTA. — Pour recevoir de suite, *franco*, par la poste le volume des Brigands célèbres, adresser, par lettre affranchie, un franc vingt centimes, soit en timbres-poste, soit en un mandat sur la poste à MM. LEBIGRE-DUQUESNE frères, éditeurs, 16, rue Hautefeuille à Paris.

LES DANGERS

DE

L'AMOUR

DE LA LUXURE

ET

DU LIBERTINAGE

POUR   POUR

L'HOMME   LA FEMME

PENDANT

LA JEUNESSE

PENDANT

L'AGE MUR

PENDANT

LA VIEILLESSE

PAR

Laurent MARTIN

Un beau volume de près de 400 pages.

Pour recevoir de suite l'ouvrage *franco* par la poste, envoyer 3 fr. 40 en timbres-poste de 20 c., à MM. LE-BIGRE-DUQUESNE frères, éditeurs, 16, rue Hautefeuille, à Paris.

NOUVEAU TABLEAU

DE

L'AMOUR CONJUGAL

PAR

M. G.-H. PRUDHON

Un beau volume in-18 de 360 pages

PRIX : 3 FRANCS

CET INTÉRESSANT VOLUME, EN EST AUJOURD'HUI A SA DIXIÈME ÉDITION.

Pour le recevoir *franco* par la poste et par retour du courrier, il suffit d'adresser **TROIS FRANCS VINGT CENTIMES** à MM. LEBIGRE-DUQUESNE frères, r. Hautefeuille, 16, à Paris. On peut envoyer : soit un mandat sur la poste, soit des timbres-poste. (Ecrire *franco*).

HISTOIRE COMPLÈTE

DE LA

PROSTITUTION

EN EUROPE

DEPUIS

L'ANTIQUITÉ JUSQU'A LA FIN DU XVIe SIÈCLE

PAR M. RABUTAUX

ILLUSTRÉE DE GRAVURES HORS TEXTE

Un très-beau volume in-8.

PRIX : 5 FRANCS

Plusieurs ouvrages ont été faits sur ce sujet, jamais il n'en a été fait un aussi complet, et contenant autant de documents curieux.

Pour recevoir immédiatement *franco* et sous grande enveloppe, l'*Histoire complète de la Prostitution*, telle qu'elle est annoncée, c'est-à-dire, un très-beau volume in-octavo avec gravures hors texte ; envoyer 5 fr. 60 en mandat ou timbres-poste à MM. LEBIGRE-DUQUESNE éd^{eurs}, 16, rue Hautefeuille, à Paris. (A franchir.)

OUVRAGES PARUS

DE LA

BIBLIOTHÈQUE DES CURIOSITÉS

~~~~~~~~~

LA MORT.

LES ANIMAUX.

L'AMOUR.

LA FOLIE.

LE DUEL.

PEINES, TORTURES ET SUPPLICES.

Paris. — Typ. Gaillet, rue du Jardinet, 1.

www.ingramcontent.com/pod-product-compliance
Lightning Source LLC
Chambersburg PA
CBHW072356200326
41519CB00015B/3780